MERIAN*momente*

KANALINSELN
JERSEY GUERNSEY

TRUDIE TROX-HAIRON

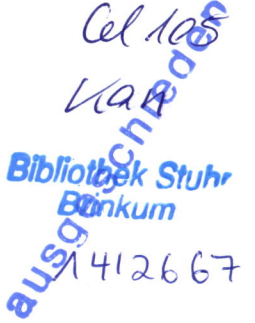
 barrierefreie Unterkünfte

familienfreundlich

Der ideale Zeitpunkt

Neu entdeckt

Ziele in der Umgebung

Faltkarte

Preisklassen

Preise für ein Doppelzimmer mit Frühstück:

| €€€€ | ab 150 £ | €€€ | ab 125 £ |
| €€ | ab 90 £ | € | bis 90 £ |

Preise für ein dreigängiges Menü:

| €€€€ | ab 55 £ | €€€ | ab 35 £ |
| €€ | ab 20 £ | € | bis 20 £ |

Castle Cornet (▶ S. 88) ist eine der ältesten und bedeutendsten Burgen der Inseln.

DIE KANALINSELN
ENTDECKEN

MEINE KANALINSELN

Englischsprachig und doch nicht britisch, kulinarisch vom nahegelegenen Frankreich beeinflusst und landschaftlich einzigartig – die Kanalinseln sind ein Blütenparadies, in dem man sich trotz Linksverkehr schnell wohlfühlt.

Als Kind hatten es mir Amrum und die Nordsee angetan. Später waren es die Kykladen und die Karibischen Inseln. Die »Channel Islands« kannte ich schemenhaft aus Erzählungen englischer Freunde, bis sie bei einer Normandie-Bretagne-Reise am Horizont auftauchten … Ich wurde neugierig. Eine Stunde Fährüberfahrt von Saint-Malo nach Jersey, kurz und unkompliziert. »Kleine Insel« dachte ich. Halbtagestour per Bus perfekt. »The rock« aber hielt eine riesengroße Überraschung für mich bereit – mit solch überwältigender Vielfalt hatte ich nicht gerechnet.

In Saint Helier zogen der pittoreske Jachthafen und das kuriose Monster der Ariadne Steam Clock am Busfenster vorüber, an der Südostküste tausende Hektar Felsenwatt und das imposante Mont Orgueil Castle. Ein

◀ Die Abendsonne taucht Archirondel Bay
auf Jersey (▶ S. 58) in magisches Licht.

eiliger Blick auf den fotogen rot-weiß gestreiften Archirondel Tower und
Saint Catherine's Breakwater – die Eindrücke wechselten minütlich.
Im Norden gewann der Bilderbogen an Dramatik: zerfurchte Steilküsten,
rosafarbene Grasnelken, Kormorane im Sturzflug bei Bouley Bay. Am
Strand von Grève de Lecq blieb Zeit, die Füße in den Atlantik zu tauchen.
Huch … Golfstromwasser hatte ich mir wärmer als 14 Grad Celsius im
Juni vorgestellt. Die Kanalinseln seien die sonnigste Region der Briti-
schen Inseln, versuchte die Reiseleiterin unsere Busgesellschaft glauben
zu machen. »Möglich« dachte ich, als sich Saint Ouen's Bay im gleißen-
den Licht vor uns ausbreitete. Das Meer weit entfernt von den klotzigen
Panzersperrmauern und Bunkern der deutschen Besatzungsarmee im
Zweiten Weltkrieg. Eine Stunde zuvor schien es in Grève greifbar nah.
Mein Wissen über die Gezeiten musste ich aus dem Gedächtnis hervor-
kramen, wobei einige Fragen zum Sonderfall »Channel Islands« offen
blieben. Weit mehr noch im Hinblick auf die Geschichte der Besatzungszeit. Meine erste Stippvisite »by coach« schloss mit zwei Fotostopps: Corbière Lighthouse und Noirmont Point, beeindruckende Monumente der
(Waffen-)Technik und atemberaubende Natur.
Für den Nachmittag sah das Programm Saint Helier vor. Ein Glas Cider
erfrischte in einem Pub am Royal Square – zu Füßen eines goldenen Kö-
nigs mit Hosenbandorden. Der Spaziergang zur Markthalle war, ich beto-
ne war, mäßig enttäuschend. Dem vielfältigen Angebot fehlte der Glanz,
den die Renovierung der viktorianischen Hallen 2008 zurückbrachte. Auf
der Rückfahrt schmiedete ich neue Pläne …

KLEINE EXOTEN

Diese Inselchen sind winzige Punkte auf den touristischen Landkarten, dabei magisch bunte Kaleidoskope der Natur und Kultur. Für viele Mitteleu-
ropäer kleine Exoten. Meine Empfehlung viele Jahre später: Nehmen Sie
sich Zeit. Genießen Sie mit Muße die Natur und das heitere Treiben in den
schmuck renovierten Fußgängerzonen von Saint Peter Port und Saint Helier. Lassen Sie sich von der Gelassenheit und Freundlichkeit der Menschen
anstecken – und nicht von Regenschauern entmutigen, sie ziehen rasch
vorüber. Selbst die schnellen Schlitten à la James Bond, und davon sieht
man auf Jersey und Guernsey mehr als in Nobelvororten von München
oder Hamburg, kurven gemächlich über die »country lanes« zwischen

Granitmauern und meterhohen Hecken. Ohnehin will man nicht eilen, sondern am Wegrain die Pracht der Osterglocken oder Hortensien erspähen. Oder über die sattgrünen Weiden den Blick auf die Küste erhaschen. Das felsige Sark wirft Sie auf so wunderbare Fortbewegungsmittel wie Ihre Füße, Fahrräder und Pferdekutschen zurück. Alderney hat Flugverkehr und einige Autos, die Natur seiner acht Quadratkilometer ist trotzdem weit spannender per pedes oder mit dem Drahtesel zu entdecken. Wer auf den größeren Inseln Guernsey oder Jersey lieber auf das Auto verzichtet, kann ein gutes Busnetz nutzen.

GOLFSTROM-AROMA

In Magazinen und Fernsehsendungen über Gärten und Gartenkultur gelten sie längst als Zugpferde: die fünf Eilande im Zwickel zwischen Normandie und Bretagne, wo das vom Golfstrom beeinflusste Klima zu Weihnachten Kamelien erblühen lässt. Anstatt drückender Sommerhitze: Wärme und frischer Seewind, der die blauen Blüten des Agapanthus wiegt. Ein sanftes Reizklima, wunderbar für die Pflanzenwelt – und Balsam für die Haut, die nach Spaziergängen am Wasser zart nach Salz schmeckt.

»Outdoor« steht im Zentrum aller Aktivitäten, ob Wandern, Radfahren oder Wassersport. Für den guten Zweck wandern die Einheimischen auf Klippenpfaden rund um die Insel und treffen sich in den »Open Gardens«. In den schönsten Blumenmonaten öffnen Privatleute nicht ohne Stolz ihre Gärten der Allgemeinheit. Mitunter macht man sogar ein Schnäppchen mit einem Tombola-Los. Und nirgendwo schmeckt ein »Cream tea« so lecker wie auf einem makellos manikürten Rasen.

Ideale Jahreszeiten für Wanderbegeisterte sind Frühjahr und Herbst mit den Walking Weeks auf Jersey und Guernsey. Zu kleinem Preis führen dann versierte Reiseführer ihre Gruppen zu Kulturschätzen und in verborgene Winkel der Inseln.

DIE FÜSSE IM SAND …

Oder lieber Kiesel am Strand? Die Inseln lassen Ihnen die Wahl. Wenn sich bei Ebbe das Meer zurückzieht, strahlen vor allem an den Westküsten helle Sandsicheln in der Sonne, herrliche Plätze, um den Kopf frei zu bekommen – und für die Fotografen perfekte Motive zum Sonnenuntergang. Am Südostzipfel von Jersey schiebt sich die eiszeitliche Landbrücke nach Frankreich weit in den Ozean hinaus. Auf den ersten Blick ein wahres Chaos von Granitfelsen und Sandflächen, die jedoch bedeutender Lebensraum und Kinderstube für verschiedenste Tiere des Meeres sind. Bei

Ebbe pilgern dort am Wochenende – ebenso bei Lihou Island auf Guernsey – viele Grüppchen mit Rechen und Netzen ins Watt. Schmackhaften Muscheln, Krabben oder sogar Hummern sind sie auf der Spur.

In den Wintermonaten, wenn Tausende Zugvögel aus Sibirien oder dem Norden Kanadas auf den Inseln Quartier nehmen, herrscht reger Flugverkehr am Wasser. Und fällt einmal Schnee – was ohnehin selten genug vorkommt – rodeln die Kinder über die Rampen am Strand, über die sommers Fischer und Freizeitsportler ihre Boote zu Wasser lassen.

»NOT QUITE BRITISH«

Die Einheimischen praktizieren augenzwinkernd eine gehörige Portion Patriotismus, nicht nur wenn das Gespräch auf Dressur-Olympiasieger Carl Hester aus Sark oder den neuen »Superman« Henry Cavill aus Jersey kommt. Stolz betonen sie die politische Sonderstellung des Archipels und jeder einzelnen Insel. Als »Crown Dependencies« gehören die Eilande nicht zu Großbritannien und damit nicht zur EU. Mehr noch: Die Vogteien von Jersey und Guernsey sind voneinander unabhängige Staaten, die jeweils eigene Geldscheine, Münzen sowie Briefmarken herausgeben – und deren Bewohner sich gerne hänseln. »Crapauds«, Kröten, nennt man die Jerseyaner, denn angeblich haben es die Tiere nach der Eiszeit nicht bis Guernsey geschafft, wo die sturen »donkeys« (Esel) zu Hause sind.

Normannische Traditionen von der Sprache bis hin zur Milchwirtschaft wurden vielfach dem Fortschritt geopfert. Erst seit den 1990er-Jahren setzt sich ein Wertewandel durch. Kulturvereine bemühen sich z.B. um die Erneuerung der alten Sprachen durch Kurse und wöchentliche Programme im Rundfunk. Zur Verwirrung der Besucher werden allerdings viele Straßen- und Ortsnamen normannisch-französischen Ursprungs englisch ausgesprochen. Nehmen Sie es mit Humor! Die Insulaner wissen um diese Skurrilität und buchstabieren gelassen.

Seyiz les bienv'nus!

DIE AUTORIN

Ursprünglich in Bayern zu Hause, hat **Trudie Trox-Hairon,** Autorin und freie Redakteurin im Bereich Reise, seit 2009 einen Schreibtisch auf Jersey mit Blick aufs Meer. Die Britischen Inseln, Süd-europa, Lateinamerika und Indien gehören zu ihren Schwerpunkten. Wenn nicht mit Texten beschäftigt, führt sie u. a. Wanderungen im Felsenwatt und auf den Klippenpfaden.

MERIAN TopTen

Diese Höhepunkte sollten Sie sich bei Ihrem Besuch auf keinen Fall entgehen lassen: Ob Corbière Lighthouse, La Coupée oder der Klippenweg auf Guernsey – MERIAN präsentiert Ihnen hier die wichtigsten Sehenswürdigkeiten der Kanalinseln.

1 Judith Quérée's Garden, Jersey
Die Besitzerin selbst führt durch die bunte englische Blumenwelt ihres traumhaften Cottage Gardens (▶ S. 53).

2 St. Ouen's Bay und Corbière Lighthouse, Jersey
Über rund 7,5 km erstreckt sich die weite Sandbucht bis zum Leuchtturm auf einer Granitinsel (▶ S. 72, 73).

3 Durrell Wildlife Conservation Trust (Jersey Zoo), Jersey
Dieser Tiergarten verschrieb sich dem Artenschutz. Tiere bedrohter Arten aus aller Welt leben in einem weitläufigen Park (▶ S. 78).

4 Jersey War Tunnels
Eine multimediale Dokumentation erweckt Jersey in den fünf Jahren deutscher Besatzung während des Zweiten Weltkriegs wieder zum Leben (▶ S. 80).

5 German Underground Military Hospital, Guernsey
Ein Tunnelsystem aus der deutschen Besatzungszeit als Zeugnis faschistischen Wahns, ehemals Krankenhaus und Munitionslager in einem (▶ S. 96).

6 Little Chapel, Guernsey
Dank des heiteren Muschel- und Porzellandekors der winzigen Kapelle eine wahre Kuriosität (▶ S. 96).

7 La Coupée, Sark

In schwindelnder Höhe zieht sich der viel fotografierte, 90 m lange Fahrweg über den schmalen Felsgrat von Sark zu seinem südlichen Anhängsel, Little Sark. Romantiker mieten sich eine Pferdekutsche für die unvergleichliche Fahrt dorthin (▶ S. 104).

8 Shell Beach, Herm

Der prächtige, von Abermillionen winziger Muscheln übersäte weiße Sandstrand erstreckt sich an der Ostküste von Herm (▶ S. 112).

9 Les Etacs, Alderney

Auf winzigen Eilanden 300 m vor der Küste von Alderney brüten auf engstem Raum Tausende von Basstölpeln (▶ S. 123).

10 Klippenweg auf Guernsey

Die Küste südlich von St. Peter Port begeistert mit schroffen Steilufern, herrschaftlichen Villen und idyllischen Bachtälern, durch die Treppenwege hinab zum Meer führen (▶ S. 130).

MERIAN Momente
Das kleine Glück auf Reisen

Oft sind es die kleinen Momente auf einer Reise, die am stärksten in Erinnerung bleiben – Momente, in denen Sie die leisen, feinen Seiten der Inseln kennenlernen. Hier geben wir Ihnen Tipps für kleine Auszeiten und neue Einblicke.

① St. Aubin's Harbour by Night
C 6

Hafenatmosphäre, romantischer Lichterglanz, nette Terrassen für einen Drink – für den Abendbummel erfüllt St. Aubin alle Wunschkriterien. Das verträumte Hafenensemble ergänzen ein kleines Fort im Licht wattstarker Scheinwerfer und auf der Höhe die Zuckerbäckerarchitektur des edlen Somerville Hotels. Vor allem ist St. Aubin nicht wirklich touristisch, denn die Einheimischen fahren mindestens genauso gerne hierher wie Besucher. Man schlendert zwischen Yacht Club und Boat House und vielleicht noch ein Stückchen weiter die beleuchtete Promenade am Wasser entlang – jenseits der Bucht die Lichter von Elizabeth Castle und St. Helier.

Jersey, St. Aubin | Flughafenbus Linie 15 ab St. Helier bis Mitternacht

② St. Ouen's Bay am Abend
B 6

Keine andere Bucht legt Ihnen ein so grenzloses Panorama zu Füßen wie St. Ouen's Bay – und nirgendwo sonst sind die Abendstimmungen und Sonnenuntergänge so spektakulär, ob Sie am Strand sitzen, den Rücken an die kilometerlange Mauer gelehnt, oder in einem der Cafés oder Pubs. Warum nicht eine Wanderung von L'Etacquerel südwärts am Spätnachmittag an der Bay ausklingen lassen? Ein schöner Spazierweg führt auch vom Nordende der Bucht (hinter Jersey Pearl) hinauf zum Dolmen von Les Mont Grantez, wo der Blick von dem megalithischen Ganggrab über Sand und Felsen bis zum Corbière Lighthouse schweift. Oder nehmen Sie im Licht des Leuchtturms Platz. Schön sitzt man bei den Felsen oder hinter den bodentiefen Fenstern des Restaurants Corbière Phare und genießt die Natur …

In diesen Strandlokalen in St. Ouen (von Nord nach Süd) können Sie einen Kaffee genauso genießen wie ein mehrgängiges Menü:

Big Vern's: Bistro mit großer Terrasse, leger, jung, aber nicht unkonventionell.

El Tico: Architektur im Stil des Art déco, schöne Terrasse. Innovative marktfrische Küche mit einem Hauch von Mexiko.

La Pulente: Gemütliches Gastro Pub, dessen Tische im Obergeschoss sowie

auf dem Balkon den Blick auf die südliche Bay eröffnen.

Corbière Phare: Schickes Speiselokal und Edelpub, das kulinarische Genüsse mit dem Corbière-Panorama steigert – bei jedem Wetter.

Jersey, St. Ouen's Bay | Busse im Sommer abends ab Corbière stündlich bis ca. 23 Uhr, ab L'Etacquerel bis 18.30 Uhr nach St. Helier

3 La Rocque Harbour im Wechsel der Gezeiten ▸ E6

Manchmal reicht eine halbe Stunde, um an den Küsten erstaunt zuzusehen, wie Felsen rasch im Meer verschwinden oder daraus auftauchen. Selbst wenn der Gezeitenunterschied bei Nipptiden »nur« fünf Meter beträgt, kann der Meeresspiegel in einer Stunde um 1,5 m steigen oder fallen. Ein wunderschönes, ruhiges Fleckchen, um mit Muße den Wechsel der Natur zu beobachten – die Insulaner beschreiben es gerne mit »passing time« – ist die Pier von La Rocque Harbour. Icho Tower im Süden, ostwärts der kantige Seymour Tower, erstreckt sich zu Ihren Füßen ein grandioses Felsenwatt. Der Hauptpriel, der direkt auf den Hafen zuläuft, flutet und entwässert das Watt.

🕐 Versuchen Sie in der dritten oder vierten Stunde nach oder vor Niedrigwasser bei La Rocque ein wenig Zeit zu verbringen – Sie werden Ihren Augen nicht trauen.

Jersey, La Rocque Harbour | Gezeiteninformationen in Hotels, im Tourist Office und in der Zeitung »Jersey Evening Post« | Haltestelle La Rocque Harbour der Buslinie 1 (St. Helier – Gorey) | kleiner Kiosk für kalte und warme Getränke, Sandwiches, Kuchen und

Jersey Ice Cream, Frühjahr bis Herbst ca. 10–17 Uhr

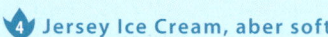 4 Jersey Ice Cream, aber soft

Vor allem draußen schmeckt sie himmlisch, die gespritzte Eiscreme in der Tüte. Ideale Belohnung beim Radeln, Wandern oder als Dessert, hergestellt aus bester Milch der »Jersey cows« in der staatlichen Molkerei. Wo es sie gibt? An vielen schönen Orten wie z. B. im St. Catherine's Café, dort können Sie die Kalorienbombe mit einem Spaziergang auf der 800 m langen Mole wieder ausgleichen. Oder in dem Eiscremewagen gegenüber Jersey Pearl im Norden der St. Ouen's Bay. Alternativ in Ashley's Kiosk in La Rocque Harbour, bei Corbière Lighthouse oder auf dem Liberation Square in St. Helier. Doch seien Sie vor Möwen gewarnt. Sie fliegen listige Attacken, um die erfrischende Köstlichkeit zu erbeuten.

5 Mitten drin in St. Peter Port
▶ S. 89, b 2

Das Treiben in Guernseys Hauptstadt hat etwas Heiteres, Lässiges, ob an der Hafenpromenade oder in den quirligen Geschäftsstraßen. Menschen vieler Sprachen hört man munter durcheinander schnattern und wird dennoch nicht von dem Gefühl erdrückt, nur in einem Touristenstrom getrieben zu sein. Beine und Geist können sich hier wunderbar nach Einkaufsbummel oder Museumsbesuch in einem der kleinen Lokale regenerieren: Das Boathouse am Victoria Pier gewährt einen Blick auf das Hafenpanorama, auf der Terrasse von The Hideaway (La Pladerie) verebbt das Stimmengewirr, während auf dem Platz neben dem Marktgebäude oder in den engen Gassen der Arcade St. Peter Port vor den Cafés das Leben pulsiert. Eine schöne Auswahl für ein wenig Auszeit!

6 Gesteinsmühlen an der L' Ancresse Bay
C1

Felsen wirken oft rau und hart. Doch mancherorts scheint das Meer geschickt zu schleifen. Guernseys »storm beaches« im Norden zeigen erstaunliche Ausbuchtungen perfekt gerundeter Kiesel, von den großen Wackersteinen unten bis zu den Taubenei-Steinchen oben. Spazieren Sie entlang der L' Ancresse Bay nach Osten, meerwärts beigefarbene Sandebenen, landwärts die von knallgrünen Golfbahnen und wehrhaften Türmen unterbrochene Ginsterheide. Und dann ein Schwenk nach Norden in Richtung Fort Le Marchant. Bei höherem Wasserstand dringt am westlichen Ufer ein soghaftes Rauschen ans Ohr – die Gesteinsmühlen sind in Betrieb. Zieht sich das Meer zurück, kommen sanfte Gesteinsskulpturen zwischen steinernen Straußeneiern zum Vorschein. Faszinierende Gebilde der Natur – zu sehen ganz ohne Eintritt.

Guernsey, L'Ancresse Bay bei Fort Le Marchant

7 Das Fenster im Felsen

▶ S. 105, b 2

An Sommerwochenenden hat auch Sark ein wenig Rummel. Doch der Tross der Besucher wandert nicht weiter als bis nach La Seigneurie. Unweit nördlich davon zweigt nach Westen ein stiller Weg ab – zu Window in the Rock und Port du Moulin. Durch ein üppig grünes Tal wandern Sie zum Felsenfenster. Das 1850 als Touristenattraktion in den Felsen gesprengte Rechteck rahmt das Porträt der steil aufragenden Les Autelets (Französisch »die Altäre«). Die 45 Min. (gesamt) für den Fußmarsch hinunter zum Port du Moulin lohnen sich. Am Strand finden Sie eine schöne Sammlung geologisch unterschiedlicher Kieselsteine.

Sark, Nordwestküste, ausgeschilderter Weg

8 Basstölpel ganz nah ▶ S. 121, a 2

Wo hat man sonst schon die Gelegenheit, die gänsegroßen »gannets« (lat. Morus bassanus) aus der Nähe zu beobachten – nicht nur eine Handvoll, sondern eine Kolonie von mehr als

5700 Vögeln, die auf den Alderney vorgelagerten Inselchen Les Etacs nisten. Ein bequemer Logensitz ist Ihnen im Südwesten der Insel sicher, nur wenige Meter von einem Parkplatz entfernt. Ein Fernglas rückt die Brutkolonie zum Greifen nah: elegant gezeichnete, balzende Paare oder solche bei der Brutpflege. Den Gezeitenströmen rund um die Insel folgend, stürzen sie sich aus 40 m, die Flügel eng angelegt, wie Pfeile ins Meer. Sie tauchen dabei bis zu 3,5 m tief, um nach Heringen oder Makrelen zu schnappen.

Alderney, Südwestküste

NEU ENTDECKT
Worüber man spricht

Die Kanalinseln befinden sich stetig im Wandel, Sehenswürdigkeiten werden eingeweiht, Attraktionen eröffnen, die Inseln verändern ihr Gesicht, durch neue Museen, Restaurants und Geschäfte erlangen ganze Landstriche neue Attraktivität. Hier erfahren Sie alles über die jüngsten Entwicklungen – damit Sie keinen dieser aktuell angesagten Orte verpassen.

◀ So luxuriös werden Sie in einem der Yurt-Holidays-Zelte (▶ S. 17) gebettet.

ÜBERNACHTEN

The Granary 🦋 B 2

Home away from Home – Ländlich in behaglichen Granitmauern wohnen … dieser Traum erfüllt sich in den drei Ferienwohnungen der »Getreidescheune«. Der großzügige Schnitt, edles Interieur und der herrliche Garten führten zu Gold-Auszeichnungen durch das Tourist Board.

Guernsey, St. Pierre du Bois, Route du Quanteraine | Tel. 0 14 81/26 59 44 | www.thegranaryselfcatering.com | €€€

Stocks Hotel ▶ S. 105, b 2

Landhauseleganz – In Sarks grünem Herzen hat die Renovierung des Traditionshotels ein völlig neues Flair geschaffen. Um die drei stattlichen Gutsgebäude aus dem 18. Jh. gruppieren sich großzügige Außenbereiche mit Pool, Restaurantterrassen sowie einer alten Apfelpresse unter Bäumen. Die Ausstattung verbindet Schlichtheit mit englischer Vorliebe für florale Muster. Ein Hotel für besondere Anlässe.

Sark | Tel. 0 14 81/83 20 01 | www.stockshotel.com | 23 Zimmer | €€€€

Yurt Holidays 👫 🦋 D 4

Glamping – Eine glamouröse Variante des Campings ist der neueste Trend in Jersey. Gäste wohnen in mit Doppelbetten und Öfen ausgestatteten Jurten und können im Durrell Wildlife Camp die Geräuschkulisse des madagassischen Dschungels auf sich wirken lassen, während bei Jersey Yurt Holidays die Stille der Natur sowie die einzigartige Kulisse der Bucht von St. Aubin

überzeugt. Jeweils private Bäder; Gemeinschaftsküche für die Gäste.

Durrell Wildlife Camp | Jersey, Trinity, Profonde Rue | Tel. 0 15 34/86 00 97 | www.durrell.org | bis zu 54 Gäste | ♿ | €€€
Jersey Yurt Holidays | Jersey, St. Aubin, Mont Les Vaux | Tel. 0 15 34/74 13 50 | www.jerseyyurts.squarespace.com | 3 Jurten | je nach Saison €–€€

ESSEN UND TRINKEN

Gloria's Food ▶ S. 121, b 2

Mediterran – Ob Tapas, Pasta oder marokkanische Lamm-Tajine, immer stimmt die Mischung der Gewürze. Im Sommer luftige Plätze im Innenhof.

Alderney, St. Anne, Albert Mews, Ollivier St. | Tel. 0 14 81/82 25 00 | www.gloriasfood.co.uk | Mo–Sa 9.30–14, 19–21 Uhr | €€

Mark Jordan at the Beach 🦋 C 5

Meerespanorama für Gourmets – Der kleine Bruder des mit einem Michelin-Stern gekrönten »Ocean« im Hotel Atlantic folgt dem gleichen Konzept von Gerichten höchster Qualität und makellosem Service. Der Chefkoch Mark Jordan lädt seine Gäste ein, in entspannter Atmosphäre mit Blick aufs Meer Außergewöhnliches zu tafeln.

Jersey, St. Peter, Route de Haule | Tel. 0 15 34/78 01 80 | www.markjordanatthebeach.com | tgl. 12–14.30, 18–21.30 Uhr, im Winter Mi–So | €€€

Moo ▶ Klappe hinten, c 2

Gesund und lecker – Biologisch wertvolle Ernährung wird in diesem kleinen, feinen Laden groß geschrieben. Neben Salaten, süßen und herzhaften Backwaren und köstlichen Wraps locken zur Abrundung der Mittagspause auch Frozen Yoghurts.

Jersey, St. Helier, 47 New St. | Tel. 0 15 34/ 61 83 96 | Mo–Fr 7–15, Sa 9–14 Uhr | €

Muse Café & Deli take away

▶ S. 89, b 1

Modisch und en Vogue – Hier kommt kein Fischer zum Tresen. Dafür schwappt mittags eine Flut gestylter junger Leute aus dem nahen Finanzdistrikt in Richtung Muse. Neben der Vielzahl an Schnittchen mit fremdländischen Namen hat doch die »jacket potato«, die Ofenkartoffel, ihren Platz auf der Karte. Blick auf den Jachthafen.

Guernsey, St. Peter Port, Marina Court, Glategny Esplanade | Tel. 0 14 81/72 71 01 | www.muse.gg | Mo–Sa 8–17.30 Uhr | €€

Ormer

▶ Klappe hinten, a 3

Sterne-Küche – Fernsehkoch Shaun Rankin hat sich den Traum vom eigenen Restaurant verwirklicht. Nur wenige Monate nach der Eröffnung 2013 waren die Michelin-Inspektoren wieder von seiner vorher im Bohemia (▶ S. 63) gezeigten Spitzenqualität überzeugt und verliehen einen Stern. Ledermobiliar und gedämpftes Licht schaffen das adäquate Ambiente für die von der Insel inspirierten Gerichte. Ein Muss: der Aperitif auf der Dachterrasse. Moderate Preise für Mittagsmenüs.

Jersey, St. Helier, 7–11 Don St. | Tel. 0 15 34/72 51 00 | www.ormerjersey. com | Mo–Fr 9–22, Sa 12–22 Uhr | €€€

Tiffin

▶ Klappe hinten, d 2

Allrounder – Das ursprüngliche Konzept eines Teehauses wird hier erweitert durch ein vielseitiges, modern-barockes Restaurant und eine Champag-

ner-Bar. Ob für einen Drink oder ein Menü mit Meeresfrüchten, ein Tiffin-Besuch wird zum Erlebnis durch den unvergleichlichen Blick über den Jachthafen hinweg auf Elizabeth Castle. Eine Spezialität des Hauses sind »cicchetti«, Häppchen, wie sie die venezianischen Bars reichen.

Jersey, St. Helier, Castle Quay | Tel. 0 15 34/61 93 14 | www.tiffinteahouse. je | tgl. 9–22 Uhr | €€

EINKAUFEN

16 New Street

▶ Klappe hinten, c 2

Die Adresse wurde zum Namen für den Laden des National Trust Jersey. Wo sich in dem makellos renovierten Haus aus dem 18. Jh. einst eine Schreibstube befand, füllen nun geschmackvolle Karten, Textilien und Bücher zu den Themen Naturkunde und Reise die Regale. Oder suchen Sie ein ungewöhnliches Kochbuch?

Jersey, St. Helier, 16 New St. | April–Okt. Do–Sa 10–17 Uhr, Nov.–Dez. nur Sa

Ben Le Prevost Chocolatier

▶ S. 89, a 2

Der Gaumen schwelgt und die Augen nicht minder, sobald man die süße Palette im Schaufenster des kleinen La-

dens entdeckt. Ben Le Prevost ist ein wahrer Designer der Schokolade, der nicht zuletzt Guernseys feine Sahne als Zutat sehr schätzt.

Guernsey, 6 Mill St., St. Peter Port | Tel. 0 14 81/71 35 04 | www.benleprevost chocolatier.com

Ocean Harvest

Sie wünschen sich das Geheimrezept für samtweiche Haut? Probieren Sie Seetang. Nicht nur Spitzenköche lieben ihn. Auf Algen als Dünger setzten über Jahrhunderte die Bauern der Kanalinseln – und heute die Hobbygärtner, ob für Kartoffeln oder die Zimmerpflanze. Ein Ire gründete 2012 auf Jersey ein kleines Unternehmen zur Herstellung von Kompost, Pflanzennahrung und Zusätzen für das Entspannungsbad aus Seetang. Die »Seabags«, Teebeuteln ähnliche Säckchen, wirken Wunder …

Tel. 0 77 97/71 53 40 | www.ocean harvest.je | Verkauf auf Jersey Fr vormittags im Lucas Bros Vegetable Shop, St. Aubin's Bay, Haule Hill | Laneez Surf Shop, St. Ouen's Bay | auf Märkten mit Genuine-Jersey-Produkten, z. B. in St. Aubin oder St. Helier

SPORT UND FREIZEIT
Geocaching

Die elektronische Schatzsuche lockt ein täglich wachsendes Publikum in die Natur. Alles, was man braucht, ist ein GPS-fähiges Gerät (z. B. Mobiltelefon) und die geografischen Koordinaten des Verstecks (Geocache), welche man übers Internet bekommt. Auch eine Karte kann hilfreich sein. In Jersey befinden sich über 300 dieser Caches, auf allen Inseln zusammen etwa 640. Mit den vielen Küstenpfaden, Tälern, Wäldern und interessanten Monumenten sind die Eilande ideal für diese spannende Aktivität.

www.geochaching.com

⚑ Weitere Neuentdeckungen sind durch dieses Symbol gekennzeichnet.

Das Herz des Starkochs und Buchautors Shaun Rankin schlägt für das ausgezeichnete Restaurant Ormer (▶ S. 18). Neben den exquisiten Menüs ist auch die Bar extraordinär.

Strandsegler an der kilometerlangen St. Ouen's Bay (▶ MERIAN TopTen, S. 72).

DIE KANALINSELN
ERLEBEN

ÜBERNACHTEN

*Eine freundliche, familiäre Atmosphäre prägt den Stil der gemüt-
lichen Guesthouses und kleineren Hotels auf den Kanalinseln.
Gourmetküche und Wellness haben sich die größeren Hotels als
Schwerpunkte auf die Fahnen geschrieben.*

Die Internetseiten der Touristikämter sowie Broschüren geben umfassen-
de Informationen zu den Unterkünften. Die Büros in St. Helier und St.
Peter Port helfen außerdem bei der Buchung, kommt man ohne Reservierung auf die Inseln.

BLÜTENMUSTER UND HIMMELBETTEN

Hochsaison ist Mitte Juni bis Mitte/Ende September, in den übrigen Mo-
naten sind die Zimmerpreise bis zu 25 % niedriger. Die Buchung über
einen Reiseveranstalter kann preislich durchaus vorteilhaft sein. Besonders für Juli und August ist es unbedingt anzuraten, Zimmer im Voraus
zu buchen. Die Vermieter verlangen meist eine Anzahlung, die im Falle
einer kurzfristigen Stornierung einbehalten wird. Nur bei kleineren Unterkünften wird in der Regel Barzahlung erwartet. Die Zimmerpreise gel-

◄ Im Radio Tower aus dem Zweiten Weltkrieg
kann man heute übernachten (► S. 24).

ten pro Person pro Nacht oder für das Doppelzimmer, jeweils inklusive Frühstück, im Zweifel lohnt es sich nachzufragen.

Viele Hotels, Guesthouses und Ferienwohnungen entstanden in historischen Gebäuden, seien es viktorianische Stadthäuser oder weitaus ältere bäuerliche Anwesen, häufig aus Granit. Die Zimmer können in ihrem Stil recht unterschiedlich sein. Sehr beliebt ist ein romantischer Look mit Blütenmustern. Gerüschte Vorhänge und üppige Bettüberwürfe haben Tradition. In den Luxushotels investiert man sogar in Himmelbetten, die berühmten »four poster beds«. Im Trend liegt auch eine sympathische Kombination aus schlichtem Mobiliar mit Antiquitäten. Zu den modernen Annehmlichkeiten zählen gut ausgestattete Bäder und, selbst in preisgünstigen Unterkünften, ein Fernsehgerät sowie die Möglichkeit zum Tee- oder Kaffeekochen auf dem Zimmer.

Sprachlich hapert es bei den kleineren Unternehmen mit der Verständigung in Deutsch, die großen Hotels hingegen versuchen für ihr Team auch deutschsprachige Mitarbeiter zu gewinnen, um vor allem bei Problemen besser helfen zu können.

DAS FRÜHSTÜCK TYPISCH ENGLISCH

Guesthouses (Pensionen) bieten in der Regel ihre Übernachtungen mit Frühstück an. Dieses umfasst nicht nur Kaffee oder Tee, Toast und Marmelade, sondern auch Säfte, Käse und Schinken sowie ein »cooked breakfast« mit Eiern in allen Variationen, gebratener Tomate und Champignons. Je nach Stil und Kategorie einer Unterkunft fällt das Frühstück schlichter oder üppiger aus, in größeren Hotels sind reichhaltige Büffets üblich. Vor allem die Hotels mit drei und mehr Sternen haben in den letzten zehn Jahren enorme Anstrengungen unternommen, ihre Restaurants und das Speisenangebot attraktiv zu gestalten. In Jersey wurden 2013 abermals drei Restaurants in Fünf-Sterne-Hotels mit einem Michelin-Stern ausgezeichnet: das »Ocean« des Atlantic Hotels oberhalb der St. Ouen's Bay (Küchenchef Mark Jordan), in St. Helier das »Tassili« im Grand Jersey (Richard Allen) sowie das »Bohemia«, das zum Club Hotel & Spa gehört (Steve Smith). Diese tragen außerdem drei bis vier der heißbegehrten Rosetten des britischen Automobilclubs.

Frühstückspensionen verfügen selten über eine Bar, gelegentlich über einen Aufenthaltsraum mit TV oder in ländlichen Regionen über einen Garten.

BESONDERE EMPFEHLUNGEN

Ben Mor ⚓ E 6

Küstenflair – Wer bei Anne und Helier eines der hellen, geschmackvoll eingerichteten Zimmer an Jerseys Südostküste bucht, hat Europas größtes Felsenwatt vor der Tür. Man erwacht vom Schrei der Möwen oder dem Rauschen der Wellen, wenn die Flut aufläuft. Das vielfältige Frühstück stimmt auch Morgenmuffel freundlich, und wer noch einen Tipp braucht, die gut informierten Besitzer wissen immer Rat.

Jersey, St. Clement, Pontac Common | Tel. 0 15 34/85 36 31 | www.benmor-jersey.com | 3 Zimmer | Juni–Sept. geöffnet (andere Termine nach Absprache evtl. auch möglich) | €

Hotel de Havelet ▶ S. 89, b 3

Gediegener Komfort – Am Hang oberhalb der Havelet Bay ruhig gelegen, ein Hotel im traditionellen englischen Stil. Wunderschöne Ausblicke auf Castle Cornet sowohl von den Zimmern als auch von den Restaurants »The Wellington Boot« und »Havelet Grill« sowie der Terrasse im Garten. Innenpool mit Wintergarten, der sich zu einem Sonnendeck öffnet; Sauna und Dampfbad. Nachmittags trifft man sich zum Cream Tea in der ehemaligen Kutschenremise, heute »The Saddle Room«, und abends an der Bar.

Guernsey, St. Peter Port, Havelet | Tel. 0 14 81/72 21 99 | www.dehavelet guernsey.com | 34 Zimmer | €€€

Jersey Heritage Lets ⚓ E 5

Räume mit Geschichte – Die historischen Unterkünfte des Jersey Heritage Trust vermitteln das Flair früherer Jahrhunderte, z. B. **Elizabeth Castle** bei St. Helier, der **Radio Tower** (Funkleitturm) aus dem Zweiten Weltkrieg nahe Corbière Point, **Barge Aground**, das Art-déco-Strandhaus an der St. Ouen's Bay, das **Fisherman's Cottage** in Havre des Pas sowie Festungsbauten des 18. und 19. Jh. wie **Fort Leicester** an der Bouley Bay. Zugleich verwöhnen sie mit dem Komfort von anspruchsvoll ausgestalteten Ferienwohnungen. **Seymour Tower**, 1,5 km vor La Rocque Harbour im Meer gelegen, sowie andere Wachtürme wie **Archirondel Tower** und **Tour Carrée** haben eine zweckmäßige Einrichtung, die an Berghütten oder Jugenherbergen erinnert (Schlafsack und Essen mitzubringen).

2014 ergänzen Apartments im Museumsgut **Hamptonne**, **Kempt Tower** und **La Rocco Tower** an der St. Ouen's Bay das bestehende Angebot. Allen gemein ist das außergewöhnliche Erlebnis der alten Gemäuer und besonderen Lage. Buchung wochenweise oder für zwei bis drei Tage, Seymour und La Rocco Tower für 24 Std. inkl. Führer; frühzeitige Reservierung empfohlen.

Jersey, Jersey Heritage Trust | Tel. 0 15 34/ 63 33 04 | http://www.jerseyheritage. org/holiday | €€/€€€

La Roche Guest House ⚓ B 2

Wie bei Freunden – Jane und David, beide Inselführer, haben ihr Haus liebevoll im georgianischen Stil gestaltet. Küche, Wintergarten, Gartenterrasse – Sie haben die Wahl des Frühstücksplatzes. Das Abendessen wird nach Absprache serviert.

Guernsey, Castel, Rohais de Haut | Tel. 0 14 81/25 80 88, 0 77 81/41 02 37 | www. larocheguesthouseguernsey.com | 4 Zimmer | €€

La Sablonnerie   ▶ S. 105, b 4

Countrystyle – Das charaktervolle Hotel war einst ein ruhig gelegenes Gehöft auf Little Sark, entstanden sind verwinkelte, kleine Zimmer mit Charme. Im eleganten Restaurant mit Terrasse glänzen edle Gläser auf weißen Tischdecken. Jenseits des Weges zu den Silberminen verbirgt sich ein lauschiger Garten, wo Mittagessen und Tee im legeren Stil serviert werden. Abends begrüßt Besitzerin Elizabeth Perée ihre Gäste zum Aperitif in der Loungebar am offenen Kamin. Darf es ein »sloe gin« sein, der Schlehengin nach altem Hausrezept? Little Sark | Tel. 0 14 81/83 20 61 | www.sablonneriesark.com | 22 Zimmer | ♿ | €€€

Selfcatering im Trend

Ferienwohnungen und kleine Häuser werden auf allen Inseln vermietet. Allerdings sollte man ausgiebig im Internet die verschiedenen Quellen prüfen. Die Fremdenverkehrsämter verfügen über ausführliche Informationen. Die Internetseite www.cottageguide.co.uk/guernsey gibt einen Überblick über Apartments in Guernsey.

Ein breites Spektrum an Unterkünften vermitteln folgende Agenturen:

Freedom Holidays (auch für Jersey Heritage Lets)

Tel. 0 15 34/72 52 59 | www.freedomholidays.com

Macole's Selfcatering

Tel. 0 15 34/48 81 00 | www.macoles.com

Alderney Accommodation

Tel. 0 14 81/82 33 32 | www.alderney-accommodation.com

Weitere empfehlenswerte Adressen finden Sie im Kapitel DIE KANALINSELN ERKUNDEN.

Preise für ein Doppelzimmer mit Frühstück:

€€€€ ab 150 £	€€€ ab 125 £
€€ ab 90 £	€ bis 90 £

Das privat geführte La Roche Guest House (▶ S. 24) serviert in der wohnlichen Küche des herrschaftlichen Hauses ein ausgezeichnetes Frühstück.

ESSEN UND TRINKEN

Fangfrische Meeresfrüchte und Fische sowie Obst und Gemüse aus den Gärtnereien der Inseln bieten ein Füllhorn an Zutaten für Gerichte mit französischer Finesse und englischer Bodenständigkeit. Vergessen Sie alle Vorurteile gegenüber der britischen Küche!

Gewiss gibt es die Lädchen für Fish & Chips und einfache Cafeterias, aber selbst in den Strandcafés und Pubs beweisen die Köche Ambitionen. Außerdem: Frischer, in gutem Öl gebratener Fisch (meist Kabeljau) zusammen mit ebenso frischen, hausgemachten Pommes frites sind eine köstliche Mahlzeit, wenn man nach dem Wandern oder Radfahren einkehrt.

In der Summe können Sie auf den Inseln sowohl eine kulinarische Weltreise unternehmen als auch ausgezeichnete angelsächsische Spezialitäten kennen- und lieben lernen. Weit verbreitet sind französische, italienische, indische und chinesische Restaurants. Dass in Jersey auch Portugals Spezialitäten auf vielen Speisekarten vertreten sind, resultiert aus der Zuwanderung portugiesischer Arbeitnehmer in Gastronomie und Handel seit den 1960er-Jahren. Sie kamen vor allem aus Madeira und verhalfen den »espetadas«, opulenten Spießen aller Variationen, zu großer Popularität.

◀ Meeresfrüchte-Liebhaber kommen auf den
Inseln dem kulinarischen Paradies sehr nah.

Das Tennerfest im Herbst (▶ S. 51) ist ein sechswöchiges Schlemmerfest, bei dem sich auf Jersey und Guernsey die Küchenchefs mit günstigen Menüs inselweit überbieten. An den Taste Guernsey Seafront Sundays bieten Stände am Jachthafen von St. Peter Port lokale Spezialitäten an (vier Sonntage im Sommer; www.tasteguernsey.com).

ENGLISCHES FRÜHSTÜCK – EIN GENUSS

Ob vom Buffet oder individuell zubereitet, das »cooked breakfast« füllt den Magen für viele Stunden. Bessere Pensionen legen ihren ganzen Ehrgeiz in das Frühstück. Neben den traditionellen Cornflakes hat das Müsli mit Milch und Joghurt seinen Platz beim Frühstück erobert. Den »Hauptgang« bilden Eier (pochiert, als Spiegel- oder Rührei), Bratwürstchen, Speck sowie gebratene Pilze und Tomaten. Nicht so ungewöhnlich mutet an der See der Fisch am Morgen an: »Kippers« sind gesäuberte, ohne Kopf geräucherte Heringe. Etwas saftiger ist »smoked haddock« – geräuchertes Schellfischfilet, das manchmal zusammen mit pochiertem Ei gereicht wird. Toast mit Butter und Marmelade (»jam«, bzw. »marmalade«, wenn sie aus Zitrusfrüchten besteht) runden das Frühstück ab.
Für einen Mittagsimbiss sind die vielen Pubs ideal. Bestellt, und gleich bezahlt, wird meist am Tresen. Sie bieten neben Sandwiches oft das »ploughmans lunch« an, eine mit Salat und pikant eingelegtem Gemüse garnierte Käseplatte. Viele servieren auch warme Tellergerichte, »pub grub« genannt. Meistens lohnt sich der »catch of the day«, der fangfrische Fisch – gebacken oder frittiert mit Pommes frites oder »wedges of potatoes« (Kartoffelspalten). Apropos Kartoffeln: Die Jersey Royals (beste Frühkartoffeln) schmeck(t)en immer leicht nach Meer, denn traditionell wurden die Felder mit Seetang gedüngt! Der Eintopf »bean crock« oder »bean jar« kommt aus der ländlichen Küche und wird mit Bohnen, Karotten, Schweinefüßen und Rindfleisch gekocht. Die »bean soup« ist fleischlos.

DAS MEER EIN FÜLLHORN

Was die Fischer in ihren Netzen anlanden, genügt höchsten Ansprüchen. Der Hummer aus Sark ist legendär und unterliegt strengen Fangbestimmungen. Gleiches gilt für Jakobsmuscheln, »scallops«. Eine Delikatesse sind die seltenen »ormers« (Seeohren). Sie dürfen nur in wenigen Wintermonaten zu Voll- und Neumond gesammelt werden. Weitere Weichtiere, Krebse und Fischsorten (u. a. Scholle, Steinbutt, Barsch und Rochen) überraschen oft auf den Speisekarten. In der Royal Bay of Grouville, Jersey, befinden sich die größten Austernkulturen der Britischen Inseln. Pro Jahr werden knapp 1000 Tonnen dieser Spezialität geerntet.

CREAM TEA – ERSTE SAHNE!

Die frische Sahne der »Jersey oder Guernsey cows« wird wegen ihres hohen Fettgehalts und ihrer gelblichen Farbe gepriesen. Sie verleiht Schwarztee einen einzigartigen Geschmack. Nachmittags ist die beste Zeit für »cream tea« mit »scones«: mit Butter, Erdbeerkonfitüre und »clotted cream« (cremigem Rahm) bestrichene Rosinenbrötchen. Süße Tradition sind ferner »Jersey wonders«, feine Schmalzküchlein, und die »Guernsey Gâche« (sprich: gosch), ein Rosinengebäck. Aus Äpfeln produziert man nicht nur »cider« (Apfelmost, eine bekannte Marke aus Guernsey ist »Rocquette«), sondern auch »black butter«. Der pastose, dunkle Brotaufstrich ähnelt dem rheinischen Apfelkraut. In zwölf und mehr Stunden wird dafür »cider«, Apfelsaft und eine individuelle Mischung aus Zimt, Nelken und anderen Gewürzen langsam eingedickt.

»EATING OUT« AM ABEND

Der Trend zum Gastropub hat auch die Kanalinseln erreicht. Mehr und mehr Pubs legen verlockende Speisekarten auf und trennen die Kneipe räumlich vom Restaurantbetrieb. Freitag- und Samstagabend herrscht Hochbetrieb in Speiselokalen, sodass eine Reservierung angeraten ist. Üblich ist es, vom Servicepersonal an einen Tisch geführt zu werden. Mit einem Getränk an der Bar lässt sich eine kurze Wartezeit angenehm überbrücken. Die Küche nimmt meist bis 22 Uhr Bestellungen entgegen, wobei die Zeiten je nach Lage eines Lokals beträchtlich variieren.

Ziel aller Durstigen sind die meist stimmungsvollen Pubs. Die Auswahl an Getränken ist enorm. Neben Bier gibt es auch »cider« vom Fass. Pubs kommen ohne Kellner aus, denn man holt sich die Getränke am Tresen und bezahlt auch gleich. Trinkgeld ist nicht üblich.

Die Öffnungszeiten der Pubs sind von Insel zu Insel unterschiedlich. Jersey: Montag bis Samstag 9 bis 23, Sonntag 11 bis 23 Uhr. Zum Austrinken werden 20 Minuten »drinking-up time« gewährt. Guernsey: Montag bis Samstag 10 bis 23.45, Sonntag 12 bis 15.30, 18 bis 0.45 Uhr. Sonntagabend darf Alkohol nur mit einer Mahlzeit ausgeschenkt werden. Alderney: im Winter täglich 10 bis 24 Uhr, im Sommer bis 1 Uhr (manche Pubs schließen von 14.30 bis 17.30 Uhr).

BESONDERE EMPFEHLUNGEN

The Auberge  C3

Bestechendes Panorama – Die Lage des modernen Restaurants mit Gartenterrasse könnte schöner nicht sein. Der Blick wird nur noch kulinarisch übertroffen: Lokalen Spezialitäten verleiht Küchenchef Daniel Green eine raffinierte Note. Reservierung empfohlen.
Guernsey, St. Martin, Jerbourg Road | Tel. 0 14 81/23 84 85 | www.theauberge.gg | Mo–Sa 11–14.30, 18.30–23, So 11–14.30 Uhr | €€€

First & Last Restaurant ▶ S. 121, b 1

Hafenflair – Das gemütliche Restaurant hat sich auf Fisch und Meeresfrüchte spezialisiert. Von der Mole kommend, ist es das erste Haus in Braye Harbour. Daher der Name des Familienbetriebs.
Alderney, Braye Harbour | Tel. 0 14 81/82 31 62 | Ostern–Mitte/Ende September Dinner Di–Sa 18.30–21.30 Uhr | €€

Old Court House Inn C6

Historisch und modern – Der mittelalterliche Gerichtshof von St. Aubin ist heute ein Ort höchster Tafelfreuden und geselliger Trinkgelage, sprich: ein ausgezeichnetes Restaurant mit Terrasse und ein uriges Pub. Hier gibt es noch das »pint of prawns« (Krabben im Bierglas) neben vielen Arten von Bier.
🕐 Wenn bei Flut die Jachten im kleinen Hafen von St. Aubin dümpeln, ist der Blick von der Terrasse postkartenidyllisch.
Jersey, St. Aubin's Harbour | Tel. 0 15 34/74 64 33 | www.oldcourthousejersey.com | Pub Essen 12.30–14.30, 18–20, Restaurant ab 19.30 Uhr | Pub €, Restaurant €€€

Weitere empfehlenswerte Adressen finden Sie im Kapitel DIE KANALINSELN ERKUNDEN.

Preise für ein dreigängiges Menü:

€€€€	ab 55 £	€€€	ab 35 £
€€	ab 20 £	€	bis 20 £

Das Old Court House Inn (▶ S. 29) auf Jersey hat sich vom Gerichtshof zu einem vorzüglichen Restaurant mit schöner Terrasse gewandelt. Der Blick auf den Hafen steigert noch den Genuss.

Grüner reisen
Urlaub nachhaltig genießen

Wer zu Hause umweltbewusst lebt, möchte vielleicht auch im Urlaub Menschen unterstützen, denen ein verantwortungsvoller Umgang mit der Natur am Herzen liegt. Empfehlenswerte Projekte, mit denen Sie sich und der Umwelt einen Gefallen tun können, finden Sie hier.

Die begrenzte Fläche und die Abgeschiedenheit des Archipels haben auf den Kanalinseln seit Jahrhunderten einen sehr bewussten Umgang mit natürlichen Ressourcen gefördert, sei es der Verbrauch von Wasser oder die Nutzung von Land. Von den Regierungen verordnet und von Marketingorganisationen wie »Genuine Jersey« gefördert, führen selbst Supermarktketten eine breite Palette heimischer Produkte. In Guernsey stehen bekannte Küchenchefs hinter der Organisation »Taste Guernsey«, um bei ihren Gästen ein Bewusstsein für den Wert von Frische und Aroma der Erzeugnisse aus den Inselgärtnereien zu wecken.

Inseltypisch sind die privaten »honesty boxes« (▶ S. 32) sowie Farm Shops, die vorwiegend Güter von eigenen Feldern anbieten. Mitunter geben sie sogar die »food miles« an, sprich: die Strecke, die Obst oder Gemüse von einem Zulieferer bis zum Laden zurückgelegt haben.

In der Milchproduktion haben sich einige Höfe der biologischen Produktion verschrieben und stellen auch Käse her. Dessen Qualität belegen Auszeichnungen bei nationalen Wettbewerben. Ohne Flugkilometer landen erstklassige Austern sowie andere Schalentiere, Fisch und Seetang – uneingeschränkt Bio – in den gastronomischen Tempeln.

In Jersey erhielten La Mare Wine Estate, das Radisson-Hotel, der Durrell Wildlife Conservation Trust und die Jersey Kayak & Walk Adventures (▶ S. 53) von der britischen Organisation »Green Tourism« Goldplaketten für ökologisches Management. Jerseys Umweltministerium belohnt ferner mit den Eco-active und Environmental Awards eine umweltbewusste Unternehmensführung.

Den eigenen CO_2-Fußabdruck minimiert man bei Aktivitäten wie Radfahren oder Wandern und Vogelbeobachtung in Verbindung mit der Nutzung öffentlicher Busse, wofür es günstige Mehrtagestickets gibt.

ÜBERNACHTEN

Radisson Blu Waterfront Hotel
▶ Klappe hinten, b 3

Die Lage mit Blick auf Elizabeth Castle und den Jachthafen besticht in diesem Hotel der Vier-Sterne-Kategorie. Man legt großen Wert auf freundlichen, zuvorkommenden Service. Es hat sich zudem konsequente Umweltfreundlichkeit auf die Fahnen geschrieben – und wurde mehrfach dafür ausgezeichnet.

🕐 Das Hotel besitzt eine wunderbare Bar- bzw. Restaurantterrasse, auf der man abends den Sonnenuntergang über der St. Aubin's Bay genießen kann.
Jersey, St. Helier, Rue de l'Etau | Tel. 0 15 34/67 11 00 | www.radissonblu.co.uk/hotel-jersey | 195 Zimmer | €€€

ESSEN UND TRINKEN

Auberge du Val
A 2

Der Kräutergarten ist der ganze Stolz der Familie, die das kleine Hotel und Restaurant führt, entstanden in einem 150 Jahre alten Gehöft. Auch beim Gemüse schöpft die Küche aus dem Vollen – aus dem eigenen Garten oder von kleinen Betrieben auf der Insel. Tagtäglich liefern die Fischer fangfrisch Seebarsch oder Heilbutt, Krebse oder Jakobsmuscheln. Zum Lunch sitzt man im Innenhof und genießt hausgemachte Pasteten und andere kleine Gerichte.
Guernsey, St. Saviour, Sous L'Église | Tel. 0 14 81/26 38 62 | www.aubergeduval guernsey.com | Lunch 12–14, abends ab 18 Uhr, So abends und Mo geschl. | €

Poplars
B 6

Herrlich schlichtes Café, um unweit des Corbière Lighthouse Suppen, Sandwiches oder Quiche, Kuchen und »cream tea with scones« zu schlemmen. Zum Nachtisch gibt es die sahnige Jersey Ice Cream. Auch zum Mitnehmen. Der Familienbetrieb wurde mit einer Eco-Active-Auszeichnung gewürdigt.
Jersey, St. Brelade, Moye | Tel. 0 15 34/74 21 84 | www.thepoplarstearoom.com | März–Okt. Mo–So 10–17 Uhr | €

EINKAUFEN

Classic Herd Farm Shop
C 5

Die beste Adresse für ökologisch hergestellte Milchprodukte, vor allem für feinsten Käse nach dem Motto: »Genuine Jersey« (Original Jersey). Der Farm Shop verkauft ferner Obst und Gemüse aus eigenem Anbau, duftende Backwaren, Fleisch sowie einige andere Bioprodukte. Ein kleines Café ist ebenfalls angeschlossen.

Jersey, Manor Farm, St. Peter, Route du Manoir | Tel. 0 14 81/48 56 92 | www.classicfarmshop.com | Mo–Sa 8.30–17.30 Uhr

Honesty boxes

Wer auf Jersey und Guernsey unterwegs ist, entdeckt am Straßenrand Holzkästchen, in denen allerlei Früchte und Gemüse sowie Blumen, manchmal auch Eier und Marmeladen aufgereiht sind. Man nennt sie »honesty boxes« oder »hedge veg« (wörtlich: Gemüse von der Hecke). Bauern und Privatpersonen verkaufen so (überschüssige) Erträge von Feldern und Gärten, in der Regel biologisch erzeugt, superfrisch und mit »zero food miles«. Die ehrlichen (»honest«) Käufer legen den entsprechenden Geldbetrag in dafür vorgesehene Behältnisse. Von den Ständen kann man sich bestens für ein Picknick oder einen Imbiss ausstatten und leistet einen Beitrag zum Umweltschutz.

Jersey und Guernsey

St. Aubin Farm and Craft Market
C 6

Am idyllischen Hafen von St. Aubin findet vor und in der Parish Hall ein Bauern-, Kunsthandwerks- und Trödelmarkt statt. Konfitüre, Bio-Honig, würziger Käse aus heimischer Produktion, leckere Backwaren, Cider und andere Köstlichkeiten verlocken dazu, hier einzukaufen – für ein Picknick am Strand oder als kulinarisches Souvenir.

Jersey, St. Aubin | www.genuinejersey. com | März–Okt., 2. und 4. Samstag im Monat 9–14 Uhr | »Genuine-Jersey«-Markt im Sommer auch auf dem Royal Sq. am 1. und 3. Samstag 9–17 Uhr

St. Martin's Farmers Market
Sausmarez Manor
C3

Der Wochenmarkt auf dem Gelände des herrschaftlichen Hauses bietet eine Vielfalt an Ökoprodukten von Bauernhöfen und Privathaushalten, angefangen von Eiern, Schinken und Käse, z. B. von der Meadow Court Ökofarm, bis hin zu Chutneys und Honig. Unterhaltsam ist das Sortiment an Trödel und Antiquitäten.

Guernsey, Sausmarez Manor, Sausmarez Rd. | Sa 9–12.45 Uhr

AKTIVITÄTEN

La Mare Wine Estate
C 4

Weinanbau hat auf den Inseln durchaus Tradition. Dies und Interessantes über die Cider- und Apple-Brandy-Produktion, die Herstellung von Weichkaramell und Pralinen erfahren Sie bei den Führungen durch das Weingut. Apfelgärten nahmen bis ins 18. Jh. 20 % der Fläche von Jersey ein. Wie man im Rheinland seit Jahrhunderten Apfelkraut schätzt, kocht man hier aus Apfelsaft, Cider und Gewürzen »black butter«. »Le niere beurre«, wie sie auch heißt, schmeckt als Brotaufstrich oder in Soßen und Eiscreme. Die dunkle Creme erhält man neben weiteren Köstlichkeiten aus der Produktion des Gutes auch im Laden Maison La Mare in St. Helier. Für das umweltbewusste Vorgehen bei Anbau und Produktion wurde La Mare mit der Green-Tourism-Plakette in Gold ausgezeichnet. Restaurant mit Terrasse direkt neben den Rebgärten.

Jersey, St. Mary's Village | www.lamarewineestate.com | Führungen Ostern–Okt. tgl. 10–17 Uhr, Laden außerdem Nov.–Dez. Mo–Fr 11–15 Uhr

Radfahren auf Green Lanes oder Ruettes Tranquilles

Auf besonders schöne und umweltbewusste Art genießt man Jersey und Guernsey bei Ausflügen auf dem Fahrrad. Gute Landkarten bekommt man von Tourismusbüros. Kernstück des Routennetzes sind die mit eigenen Schildern markierten Green Lanes und Ruettes Tranquilles: sehr schmale, asphaltierte Landsträßchen, auf denen meist nur Reiter oder die Anlieger unterwegs sind. Höchstgeschwindigkeit sind 15 mph. Beispielsweise kann man auf der »Coastal Cycle Route« Jersey an einem Tag umrunden – und strampelt dabei meist dicht am Meer entlang.

Jersey und Guernsey

Unterwegs mit dem National Trust

Engagiert kümmern sich die Organisationen für Denkmalschutz um den Erhalt von historischen Gebäuden und die Naturlandschaft. Vogelexperte Mike Stentiford (Jersey) u. a. führen mit großer Begeisterung durch die Landschaft und stellen interessante Bauwerke vor. Eine Tour auf Jersey macht z. B. mit der Schönheit des bewaldeten Waterworks Valley, des »Tals der Wasserwerke« (Stauseen), und seiner efeuberankten Bäume bekannt (auch als Radtour sehr zu empfehlen; kein Busverkehr). Die Sortenvielfalt der Cider-Äpfel zeigt der National-Trust-Obstgarten in Trinity (Rue de Mon Pellier, Jersey), wo man genüsslich picknicken kann. Für Guersey hat der National Trust spannende Wanderrouten ausgearbeitet (Infos auf der Internetseite).

Jersey: www.nationaltrust.je, Guernsey: www.nationaltrust.gg/places-to-visit | Termine auch bei den Touristenbüros

In St. Saviours, der grünen Mitte Guernseys (▶ S. 95), liegt das Auberge du Val (▶ S. 31). Für die hausgemachten Speisen bedient sich der Geschäftsführer gern im eigenen Kräutergarten.

EINKAUFEN

Mode und allerlei Nützliches in lebendigen Einkaufsstraßen und Künstlerwerkstätten, die zum Anschauen und Kaufen einladen, Märkte für Altes und nicht so Altes – wo immer Sie auf den Inseln unterwegs sind, stoßen Sie auf interessante Geschäfte.

In St. Helier oder St. Peter Port steigern die attraktiven Fußgängerzonen die Kauflaune. Historische Gebäude mit schmucken Fassaden und hübsch gestaltete Geschäfte erfreuen das Auge. Ferner kann die Urlaubskasse profitieren: Neben kleinen Boutiquen haben auch die internationalen Modekonzerne hier Fuß gefasst und unterbieten infolge niedrigster Mehrwertsteuersätze die Preise in den Nachbarländern. Wer also nach gängigen Marken sucht, hat Aussicht auf ein Schnäppchen. Größere Kaufhäuser wie Marks & Spencer in St. Helier und St. Peter Port haben auch Lebensmittelabteilungen (und längere Öffnungszeiten, s. u.).

MARITIMER LOOK DOMINIERT

In den Städten bestimmen Mode, Accessoires, Sportartikel, Schmuck und Kunsthandwerk das Angebot. Das Sortiment des immer populärer wer-

◄ Goldschmied in vierter Generation bei
seinem Handwerk in Guernsey.

denden Wohndesigns ist geprägt von einem verspielten englischen Landhausstil mit floralen Mustern oder einer maritimen Note.

Die strapazierfähigen **Guernsey-Wollpullover** der Fischer haben lange Tradition. In kleinen Manufakturen werden sie heute zwar maschinell produziert und sogar in modischen Varianten und aus anderen Garnen angeboten, doch der letzte Schliff von Hand verleiht ihnen Charakter. Wegen ihrer sprichwörtlichen Unverwüstlichkeit sind die »sweater« aus fein gesponnener Wolle ausgesprochen begehrt. Zwei Firmen fertigen noch auf Guernsey die guten Stücke, wobei sich die Strickwaren in der Endverarbeitung – von Hand oder maschinell – und im Preis unterscheiden. In Alderney werden sie unter der Marke »Channel Jumper« verkauft.

»CHEAP AND CHEERFUL«

Antiquitätenfreunde finden auf den beiden großen Inseln ein breites Angebot an alten Möbeln, wertvollem Porzellan und Trödelkram und zwar sowohl in den Hauptorten als auch auf dem Land. Ob für Bekleidung zum Spottpreis, Schmuck oder Haushaltswaren – in den zahllosen **Charity Shops**, vor allem in St. Helier, lohnt sich das Stöbern. Ein halbes Dutzend liegt eng beisammen nördlich und westlich der Kreuzung New Street/Union Street (u. a. Hospice Shop, Headways, Oxfam). In den Landgemeinden finden gerade in den Sommermonaten fast jedes Wochenende **Flohmärkte** (»car boot sales«) statt.

Einige Werkstätten der Kunsthandwerker sind in Läden oder Galerien integriert, wie etwa in der Harbour Gallery in St. Aubin auf Jersey. Töpfereien ebenso wie Holzschnitzer, Kupferschmiede und Kerzenzieher stellen Dekoratives und Praktisches her, das zu Hause Erinnerungen zurückbringt. Auf Guernsey gibt es noch einen Uhrmacher, der sich auf Wand- und Standuhren spezialisiert hat (bei Little Chapel).

Kleine Kunstgalerien präsentieren die Werke ansässiger Fotografen und Künstler. Die Jersey-Motive von **Ian Rolls** fallen durch kräftige Farben und runde Formen auf. **Nick Romeril** machte sich durch seine Graphiken von »Jersey cows« einen Namen. In überdimensionalem Format prangen sie auch an der Fassade der Jersey Dairy, der inseleigenen Molkerei, oder begrüßen die Schiffsreisenden am Hafen von St. Helier. In der japanischen Gyotaku-Technik fand der Meeresbiologe **Simon Bossi** (aus Jersey) das künstlerische Medium, um seine Faszination für Fische und Seetang auf Papier zu bannen. Gelegentlich findet man Aquarelle, Ölgemälde und originelle Kreationen aus Strandgut auch auf lokalen Märkten.

Was den Charme von Jersey ausmacht, illustrieren in dem kleinen Kunstband »Jersey. Portrait of an Island« die Aquarelle der seit langem auf der Insel lebenden französischen Malerin **Anna Le Moine Gray** (in Buchhandlungen sowie im Tourismusbüro in St. Helier erhältlich).

GAUMENFREUDEN

Feine Lebensmittel wie Cider, heimischen oder französischen Käse und Früchte kauft man frisch in der **Markthalle** von St. Helier (▶ S. 60) oder in Farm Shops, z. B. in **Rondels Farm Shop** (Jersey, Trinity, Rue de Haut de l'Orme), aber auch in den **Forest Stores** (Forest, Le Bourg/Route des Landes). In letzterem erhalten Sie u. a. Torteval Blauschimmelkäse, die feinste Käsespezialität aus Guernsey. Wer nicht an einer Führung durch Jerseys Weingut **La Mare** (▶ Grüner reisen, S. 32) teilnimmt und sich dort mit der Köstlichkeit eindeckt, kann in der Filiale in St. Helier die ungewöhnliche »black butter« (▶ S. 28) probieren und kaufen. Ferner darf man sich bei La Mare die Verköstigung von »fudge«, dem sahnigen Weichkaramell, oder des »Apple Brandys« keinesfalls entgehen lassen.

Schon die dekorative Verpackung der hausgemachten Konfitüren oder Chutneys und »pickles« lockt auf dem kleinen **Markt in Sark** vor dem Verkehrsamt. Er findet vorwiegend an Sommerwochenenden statt. Die dottergelbe Sark-Butter bekommt man – ganz profan – im Supermarkt in The Avenue oder in St. Peter Port bei **The Tapenade Deli** (4 North Quay, Tel. 71 53 97). Mit Glück entdecken Sie auch eine **Honesty Box** (▶ Grüner reisen, S. 32) mit leckeren Marmeladen.

Austern, Wein und Brot für ein Picknick? Unternehmen Sie in St. Helier einen Abstecher zum Fischmarkt (Beresford Street), wo u. a. **Faulkner Fisheries** täglich frische Schalentiere auslegt und nur wenige Schritte weiter das Delikatessengeschäft **Relish** mit Wein, Käse, Wurstwaren, Oliven etc. den Rucksack füllt. Im Westen gilt es bei **Sean Faulkner** im ehemaligen Bunker am Nordende der St. Ouen's Bay einzukaufen: Krebsfleisch oder Sandwiches mit gekochtem Hummer, Austern oder – für Selbstversorger – jede Art von rohem Fisch und frische Krustentiere.

Die meisten Geschäfte sind Montag bis Samstag 9 bis 17/17.30 Uhr geöffnet. In St. Helier und St. Peter Port schließen Kaufhäuser wie Marks & Spencer erst um 19.30/20 Uhr, gleiches gilt für Supermärkte. Im Sommer haben in St. Helier einige große Geschäfte sonntags geöffnet. Haupt- und Fischmarkt in St. Helier schließen am Donnerstag um 14 Uhr.

BESONDERE EMPFEHLUNGEN

GESCHENKE

Victorian Shop & Parlour ▶ S. 89, b 2/3

Im ältesten Stadthaus (1680) von St. Peter Port hat der National Trust seinen Sitz. Ein Süßwarenladen und ein Salon aus der Zeit um 1900 wurden rekonstruiert. Verkauf von Produkten örtlicher Handwerker und Bauern.

Guernsey, 26 Cornet St., St. Peter Port | www.nationaltrust.gg | Ostern–Ende Sept. Di–Sa 10–16 Uhr

HANDWERKSKUNST

The Harbour Gallery C 6

Rund um die Galerie zeitgenössischer Fotografie und Kunst finden sich kleine Werkstätten und Verkaufsräume für Schmuck, Wolle, hübsche Textilien, duftende Seifen und geschmackvolles Kinderspielzeug. Regelmäßig Kunstausstellungen. Im Obergeschoss **Café Cameo** im Shabby-Chick-Stil.

Jersey, Boulevard, St. Aubin | Tel. 0 15 34/ 74 30 44 | www.theharbourgalleryjersey. com | tgl. 10–17.30 Uhr

KERAMIK

Jersey Pottery ▶ Klappe hinten, d 2

Fische, Muscheln, Kühe, Blüten … naturalistisch, karikiert oder als abstrahierte Motive zieren sie hier die Porzellan- und Keramikerzeugnisse. Kleine Dekoartikel ergänzen das Geschirrsortiment im Hauptgeschäft gegenüber dem Markt in St. Helier.

Jersey, 43 Halkett Place, St. Helier | Tel. 0 15 34/85 08 15 | www.jerseypottery.com

Lorraine's Pottery & Jewelry Shop
▶ S. 105, c 2

Die in Sark geborene Lorraine Nicolle spielt mit den Formen der Inselnatur. Zarte Blütenmotive finden sich auf den Tonwaren wieder, in Silber schmiedet sie kleine Seeohren und andere Muscheln als Anhänger. Ihre Werke sind Unikate, edel und erschwinglich.

Sark, The Avenue | Tel. 0 14 81/83 26 24 | www.sarkpottery.com | Mo–Sa 10–17 Uhr

MODE

Old Sail Loft F 5

Nette Boutique in Gorey, um sich nach maritimen Klassikern wie robusten Wollpullovern und trendigen Windjacken umzusehen. Zudem hat die aus Frankreich stammende Besitzerin das Händchen für ausgefallen Modisches.

Jersey, Gorey Pier, Gorey | tgl. 10–18 Uhr

Seasalt ▶ S. 89, b 2

Frische, feminine Mode aus Cornwall, die in ihrem vom Meer inspirierten Stil wunderbar auf die Kanalinseln passt.

Guernsey, 25 Commercial Arcade, St. Peter Port | Tel. 0 14 81/71 64 00 | Mo–Sa 10–17 Uhr

Le Tricoteur A 2/3

Das Geschäft für die echten Guernseys, wie sie schon Admiral Nelson seiner Kriegsmarine empfahl: in klassischem Marineblau aus feiner Schafwolle oder in modischen Farben und Schnittvarianten. Auch als Jacken. Wenn das Halsbündchen innerhalb von 20 Jahren durchgescheuert ist, dann verspricht die Firma kostenlose Reparatur.

Guernsey, Rocquaine Road (gegenüber Fort Grey, neben Guernsey Pearl), St. Pierre du Bois | Tel. 0 14 81/26 68 81 | E-Mail für Versand: letricoteur@cwgsy.net

Weitere Geschäfte und Märkte finden Sie im Kapitel DIE KANALINSELN ERKUNDEN.

SPORT UND STRÄNDE

*Werden Sie aktiv, denn die herrliche Natur der Inseln lädt dazu ein –
zu Wanderungen oder Radtouren im eigenen Tempo und zu
Vergnügungen an den Stränden und auf dem Wasser, wo sich auch
die Einheimischen in Kajaks und auf Surfboards tummeln.*

Die Briten fahren schon seit Langem zum Strand- oder Wanderurlaub auf
die Kanalinseln, denn das Klima ist überaus sonnig und auch im Winter
mild. Die drei größeren Inseln haben weite Sand- oder Kiesstrände, an
denen teilweise Liegestühle und Windschutzplanen vermietet werden.
Bei Niedrigwasser fallen in den flachen, sandigen Buchten ausgedehnte
Flächen trocken. Sie laden zum Sonnen ebenso wie zum Muscheln sammeln oder zum Strandsegeln ein. Europas größtes Felsenwatt an Jerseys
Südostküste ist eine eigene Welt für sich. Dieses grandiose Meeresaquari-
um entdeckt man am besten auf einer geführten Wanderung (▶ S. 41).
Die beliebteste Aktivität der Insulaner ist der Wassersport – entsprechend
umfangreich ist das Angebot. Zum Schwimmen lockt das Meer vor allem
bei Flut, wenn die Wellen an die Strandmauern klatschen. Die unerschro-
ckenen »Eisbären« (polar bears; Schwimmerclub: www.jerseypolarbears.

◄ Traumhafter Blick vom Royal Jersey Golf Club auf das Fischerdörfchen Gorey (► S. 75).

org.je) drehen selbst bei winterlichen Meerestemperaturen um 7 °C ihre Runden in den Buchten. Auf den Wellen der raueren West- und Nordwestküsten gleiten die Surfer. Die Kajakfahrer wählen ihre Buchten je nach Wind und Gezeiten. Kleine Jollen werden nur an Jerseys St. Brelade's Bay vermietet. Angeln ist in Häfen und an Stränden überall kostenlos.

SPEKTAKULÄRE KÜSTENPFADE

Schmale Pfade erschließen die spektakulären Küsten, während im Landesinnern neben den Wanderwegen die Green Lanes auf Jersey bzw. Guernseys Ruettes Tranquilles das Entdecken der Landschaft zum Erlebnis werden lassen. Radfahren wird hier zum Genuss. Enge Sträßchen sind wegen ihrer Unübersichtlichkeit dennoch mit Vorsicht zu befahren.

Golf ist ein Volkssport, der ohne komplizierte Formalitäten ausgeübt werden kann. Auf Jersey haben auch die Pferderennen Tausende Anhänger.

GEOCACHING

Die elektronische Schatzsuche lockt! Alles, was man braucht, ist ein GPS-fähiges Gerät (z. B. Mobiltelefon) und die geografischen Koordinaten des Verstecks (Geocache), welche man übers Internet bekommt. Auch eine Karte kann hilfreich sein. In Jersey befinden sich über 300 dieser Caches, auf allen Inseln zusammen etwa 640. Mit den Küstenpfaden, Tälern, Wäldern und interessanten Monumenten sind die Eilande ideal für diese Aktivität. www.geochaching.com

GOLF

Golfplätze, die nicht nur bei windigem Wetter die Könner fordern, gibt es auf: Alderney (9-Loch-Platz: Alderney Golf Club); Guernsey (18-Loch-Plätze: Royal Guernsey Golf Club, L'Ancresse Bay, La Grande Mare Golf Club; 9-Loch-Platz nahe dem St. Pierre Park Hotel);

Jersey (18-Loch-Plätze: The Royal Jersey Golf Club Gorey, La Moye Golf Club, Les Mielles Golf and Country Club; 9-Loch-Plätze: Jersey Recreation Grounds, Les Ormes, Wheatlands).

HOCHSEEANGELN

Boote mit Skipper können auf Jersey, Guernsey und Alderney gemietet werden. Beliebt ist das Angeln über Wracks. www.guernseyfishingguide.com, www.boatfishing.net Alderney Angling & Sports, Mark Harding | 32 Victoria St. | Tel. 0 14 81/ 82 48 84 | www.alderneyangling.com

KAJAKFAHREN ► S. 54

MOTORFLIEGEN

Flugschulen auf Guernsey und Jersey bieten Kurse sowie Probestunden an, z. B. 45 Min. Flug inkl. Clubmitgliedschaft für einen Monat für 145 £.

Guernsey Aero Club, Flughafen | Tel. 0 14 81/26 52 67 | www.guernsey aeroclub.com
Jersey Aero Club, Flughafen | Tel. 0 15 34/74 39 90 | www.jerseyaeroclub.com

RADFAHREN

Die Kanalinseln eignen sich hervorragend für Radtouren. Jersey erschließen beschilderte Routen verschiedener Schwierigkeitsgrade u. a. über die Green Lanes. Eine Landkarte gibt es im Büro von Jersey Tourism und zum Herunterladen im Internet (www.jersey.com). Auch Guernsey hat rund um die Insel markierte Radrouten, die u. a. den Ruettes Tranquilles folgen.

Die Verleihfirmen auf der autofreien Insel Sark verfügen über mehr als 1000 Fahrräder, denn nicht nur für Kurzaufenthalte sind sie ideal.

GEFÜHRTE RADTOUREN
Arthur Lamy (Historiker)
Jersey | Tel. 0 15 34/85 35 25, 0 77 97/71 35 92 | www.arthurthebluebadgeguide. com | Räder werden nicht gestellt!
Donkey's Days out
Guernsey | Tel. 0 77 81/43 36 11 | www. donkeysdaysout.co.uk

VERLEIHFIRMEN
Avenue Cycle Hire
Sark, The Avenue | Tel. 0 14 81/83 21 02 | www.avenuecyclessark.co.uk
Cycle & Surf
Auch geführte Touren.
Alderney, Les Rocquettes, St. Anne | Tel. 0 14 81/82 22 86 | www.cycleandsurf. co.uk
Guernsey Cycle Hire
Guernsey | Tel. 0 77 81/10 96 32 | www.guernseycyclehire.com

Guernsey Hire
Guernsey, St. Peter Port, neben Tourist Office | Tel. 0 77 81/19 20 33 | www.guernseyhire.co.uk
Puffin Bike Hire
Jersey | Tel. 0 77 97/72 01 59 | www.jerseybikehire.co.uk | Lieferung zur Unterkunft
Zebra Cycle Hire
Jersey, St. Helier, 9 Esplanade | Tel. 0 15 34/73 65 56 | www.zebrahire.com

REITEN

Kleine Reitställe bieten begleitete Ausritte bzw. Unterricht an. Allerdings gibt es auf Jersey und Guernsey kaum Feldwege. Die Ausnahme bildet Alderney, wo Jill Moore auch Neulinge begleitet. Kappen werden meist gestellt.

Von Mai–September ist das Reiten an Stränden in Jersey von 10.30 bis 18 Uhr und in Guernsey von 10 bis 19 Uhr nicht erlaubt. In Alderney dürfen Pferde (und Hunde) vom 1. Juni bis 15. September nicht an die Strände.

Jersey: Bon Air Stables | Tel. 0 15 34/86 51 96 | East Riding Stables | Tel. 0 15 34/85 77 48 | Green Cliff Equestrian Centre | Tel. 0 77 97//74 39 79
Guernsey: Carrière Stables | Tel. 0 14 81/24 99 98 | www.lacarrierestables.com | Melrose Riding School | Tel. 0 14 81/25 21 51 | katiedorey@cwgsy.net
Alderney: Jill Moore | 0 77 81/42 13 25 | bjmoore65@yahoo.co.uk

STEHPADDELN

Die neue Trendsportart heißt SUP: »stand up paddling«. Buchten wie St. Brelade's Bay an Jerseys Südküste oder Guernseys Westküste bieten an windarmen Tagen ideale Bedingungen, um auf die Bretter zu steigen. Balance ist gefragt, wenn man wie einst polynesische Fischer und hawaiianische Surflehrer elegant übers Meer gleiten will.

Jersey | Absolute Adventures | Tel. 0 78 29/88 11 11 | www.absolutejersey.co.uk
Guernsey | Funfit Guernsey | Tel. 0 77 81/12 17 77 | www.funfitguernsey.co.uk (auch SUP-Yoga)

STRANDSEGELN (BLOKARTING)

No wind, no fun … bei Flaute bleiben die dreirädrigen Gokarts mit Segel auf dem Parkplatz. Bei einer frischen Brise aber flitzen sie über den Strand der St. Ouen's Bay auf Jersey. Zwischen jeweils drei Stunden vor und nach Niedrigwasser kommt man sich auf den weiten Sandflächen kaum in die Quere.

Jersey | Absolute Adventures | Tel. 0 78 29/88 11 11 | www.absolutejersey.co.uk
Jersey | Pure Adventure | Tel. 0 15 34/76 91 65, 0 77 00/77 7 0 05 | www.purejersey.com

SURFEN/WINDSURFEN

In den 1920er-Jahren wurde das Brandungssurfen in Jerseys St. Ouen's Bay beliebt – und entsprechend zahlreich sind heute die Surfschulen, die alle Altersklassen unterrichten.

Jersey, St. Ouen's Bay | Laneez Surf Centre, neben El Tico | Tel. 0 15 34/74 41 57
Jersey, St. Ouen's Bay | Port Surf School (klein, aber sehr gut organisiert) | Tel. 0 77 97/78 80 88 | www.leportsurfschool.com
Guernsey, Vazon Bay Coast Rd. | Guernsey Surf School | Tel. 0 14 81/24 48 55, 0 79 11/71 07 89 | www.guernseysurfschool.co.uk
Windsurfen: Jersey, St. Brelade's Bay | Active Island Sports | Tel. 0 77 97/71 75 64
Auf Guernsey sind die Pembroke Bay im

Norden sowie die Westküste (vor allem Ladies Bay, Gde. Havre) die besten Reviere.

TAUCHEN

Sark und Bouley Bay auf Jersey gelten als die interessantesten Reviere.

Tauchschulen: Jersey, Water's Edge Hotel, Bouley Bay | Bouley Bay Dive Centre | Tel. 0 15 34/86 69 90 | www.scubadivingjersey.com
Guernsey, St. Peter Port, Havelet Bay | Dive Guernsey | Tel. 0 14 81/71 45 25 | www.diveguernsey.co.uk
Sark, L'Etoile du Nord | Dive Sark | Tel. 0 14 81/83 25 65, 0 77 81/40 04 47 | www.sarkci.com

WANDERN

Die abwechslungsreiche Natur und die geringe Größe der Inseln sowie der zuverlässige Busverkehr machen das Wandern zu einem Vergnügen.

Attraktiv sind »Walks« mit Naturkundlern und Geschichtsexperten, die während der »Walking Weeks« (▶ S. 49, 51) teils kostenlos sind. Jersey Walk Adventures bietet Wanderungen (auch für Familien und nachts) in dem bei Ebbe bizarren Sand- und Felsenmeer im Südosten der Insel an. Meist an Wochenenden finden die Touren des National Trust Jersey statt. Im Blickpunkt stehen Natur, Architektur und Geschichte. Jerseys bekanntester Wander- und Radführer, **Blue Badge Guide Arthur Lamy**, hat den 110 Meilen (175 km) langen Channel Islands Way zusammengestellt und gut beschrieben.

Vogelbeobachtungstouren bieten in Jersey Neil Singelton (www.birdingjersey.co.uk, Tel. 0 77 97–74 86 53) und in Guernsey der Vogelschutzbund (www.rspbguernsey.co.uk) an.

Plémont Beach, der vielleicht schönste Strand Jerseys in der gleichnamigen Bucht an Jerseys Norküste (▶ S. 81), ist nur bei Ebbe zu bestaunen – bei Flut steht er gänzlich unter Wasser.

Kartenmaterial und Literatur stehen u.a. bei den Tourismusbüros zur Verfügung

STRÄNDE

An den Hauptstränden von Jersey und Guernsey steckt die Wasserwacht überwachte Strandabschnitte aus. Nur dort sollten Ortsunkundige ins Wasser gehen. Weitere Markierungen verweisen auf Bereiche für Surfer und andere Wassersportler oder Motorboote.

Alderney ▶ S. 121

Alle Strände liegen im Nordosten der Insel. Je nach Windrichtung kann man zwischen den Sandbuchten von Braye Harbour, Saye Bay, Corblets Bay oder Longis Bay wählen. Mit dem Auto oder Fahrrad kommt man problemlos hin. Zur zauberhaften Telegraph Bay im Südwesten gelangt man nur über einen abenteuerlichen Abstieg oder per Boot.

Guernsey ▶ Klappe vorne

Eine Reihe gut zugänglicher Sandstrände erstreckt sich entlang der flachen Nord- und Westküste, z.B. die weite L'Ancresse Bay und Vazon Bay (auch mit Cafés). Landschaftlich weit dramatischer sind die Sand- und Kiesbuchten an der Klippenküste: zwischen Fermain Bay, südlich von St. Peter Port, und Petit Bôt Bay. Teils muss man Abstiege zu Fuß in Kauf nehmen, um wie Victor Hugo oder Renoir die Idylle zu erleben.

Herm ▶ S. 113

Den Norden der Insel prägt eine Dünenlandschaft mit sanften Sandstränden, unter denen der pudrig feine Shell Beach im Osten hervorsticht. Auf guten Fußwegen spaziert man vom Fähranleger in 20 Min. zu den Stränden.

Jersey ▶ Klappe vorne

Die Westküste ist ein einziger langer Sandstrand: St. Ouen's Bay, das Dorado der Surfer und Blokarting-Enthusiasten. Auf der ganzen Länge begleitet die Five Mile Road das Meeresufer, landeinwärts Dünen, Wachtürme und Klippen als Panorama. Umrahmt von Granitklippen locken im Süden die sandige St. Brelade's Bay und östlich davon Ouaisne Bay. Wassersportler und Sonnenhungrige garantieren den zahlreichen Eisbuden, Cafés und Restaurants zur Hochsaison einen guten Umsatz.

Weniger betriebsam wirken die Strände im Osten (alle mit Imbisswagen und Toiletten), etwa La Greve d'Azette (hier möchte man den grauen Klotz der Müllverbrennungsanlage und die Bausünden des sozialen Wohnungsbaus wegzaubern), Green Island, Pontac oder La Rocque Harbour, wo der Seymour Tower über das Felsenwatt wacht. Bis Mont Orgueil Castle hoch über Gorey Harbour ragt ein halbes Dutzend weiterer Wachtürme an der Grouville Bay auf. Am Rande der zum Sonnen und Wandern idealen Bucht liegt die größte Austernzucht der Britischen Inseln.

Bis zum Fuß der Klippen im Norden schlängeln sich die Straßen bei Rozel, Bouley Bay, Bonne Nuit Bay und Grève de Lecq. Hier halten auch Busse. Rozel wird vom idyllischen Hafen geprägt, hat aber auch einen schmalen Sandstreifen. Die Familien zieht es nach Grève de Lecq. Bei Flut verschwindet dort der Strand, daher auf die Gezeiten achten! Den feinen Sandstrand von Plémont Bay sowie die umliegenden Höhlen gibt nur die Ebbe frei. Überall sind Cafés und Toiletten vorhanden.

Sark ▶ S. 105

Die wenigen Sand- und Kiesbuchten sind teils nur vom Boot aus, zum Teil über steile Abstiege zugänglich. Auch nach der Badepause am schönen Grand Greve müssen Sie die vielen Stufen wieder hinauf nach La Coupée.

Wollen Sie's wagen?

Bei Flut von Klippen oder Kaimauern ins Meer zu springen – diesen Nervenkitzel haben sich die Jugendlichen der Inseln immer schon gegönnt. Auch die junge Funsportart Coasteering fordert das Quäntchen Mut. Mit Wetsuit und Helm klettern Sie in der Gruppe unter Anleitung eines Führers über Felsen, um schließlich in grandiose Meerespools zu hüpfen. Die Orte variieren je nach Wetter und Gezeiten.

Jersey: Absolute Adventures | Tel. 0 78 29/88 11 11 | www.absolute jersey.co.uk
Guernsey: Outdoor Guernsey | Tel. 0 14 81/72 78 18 | www.outdoor guernsey.co.uk

Im Fokus
Im Meer der Gezeiten

Das Meer ist auf den Inseln nie weit entfernt. Doch wo die Wellen Ihre Füße umspülen, wechselt von Minute zu Minute. In einem beständigen Kommen und Gehen tauchen Sand- und Felsstrände aus den Fluten der Gezeitenwelle – oder verschwinden in ihr.

Wer nicht von der Waterkant kommt, staunt, wenn das Meer meterhoch steigt und fällt – im Rhythmus von etwa 12,3 Stunden. Mittelmeererfahrung hilft wenig, denn dort zeigen sich die Unterschiede der Gezeiten gar nicht oder kaum, wie in Venedig, obwohl die Anziehungskräfte von Sonne und Mond dort genauso wirken. An der Nordsee verzeichnet die Insel Husum um vier Meter Tidenhub – etwa so viel wie Jersey an Tagen der Nipptiden. Der lakonische Kommentar der Insulaner dazu: »The tide doesn't do anything.« Sprich: Der Unterschied zwischen Hoch- und Niedrigwasser ist nicht der Rede wert. Erst wenn die Flut auf elf oder gar zwölf Meter aufläuft, werden die Gezeitenstände im Rundfunk eigens erwähnt. Dann gibt das Meer bei Niedrigwasser gigantische Flächen frei.

DIE NORMANDIE ALS BARRIERE
Bleibt die Frage nach dem »Warum?« der enormen Tiden in der Bucht von Mont St-Michel auf Lihou Island, der kleinen Insel vor Guernsey. Die

◀ Der enge Hafen des Fischerdörfchens Rozel
(▶ S. 78) unterliegt deutlich den Gezeiten.

höchsten Gezeiten der Welt verzeichnet die Bay of Fundy im Osten Kanadas mit rund 17 m, gefolgt von der Trichtermündung des englischen Flusses Severn im Bristol Channel mit 15 m. An dritter Stelle steht die Bucht von Mont St-Michel, wo in der Rance-Mündung die Flut von bis zu 13,5 m Höhe die Turbinen des zweitgrößten Gezeitenkraftwerks der Welt antreibt. Für Jersey gelten 12,5 m als Maximalwert, denn die in Nord-Süd-Richtung verlaufende Küste der Normandie schiebt sich als gewaltiger Riegel in den Ärmelkanal und staut die von Westen her anrollende Gezeitenwelle. Das unmittelbar am Kanal gelegene Alderney verzeichnet maximale 6,9 m Tidenhub, dafür gefährliche Gezeitenströme an seiner Ostküste. Das Wasser drängt nach Erreichen des Höchststandes im Innern der Bucht zunächst nordwärts und erreicht – eingezwängt zwischen Alderney und der Küste vom Kap de la Hague – in der sogenannten »Race« Geschwindigkeiten von bis zu 18 km/h. Damit nicht genug: Zwischen der vierten und fünften Stunde nach Hochwasser wechselt der Ebbstrom in der »Race« seine Richtung auf Süd. Erfahrene Segler und Kajakfahrer, die rund um die Inseln oder sogar zwischen ihnen unterwegs sind, planen ihre Touren daher nie ohne einen »Tidal Stream Atlas«.

LEBEN UNTER EXTREMBEDINGUNGEN

Im Dezember 2000 wurde an Jerseys Südostküste ein erstes, 3210 ha großes Gebiet von St. Helier bis Gorey nach der Ramsar-Konvention als Feuchtgebiet von internationaler Bedeutung ausgewiesen (www.ramsar.org). 2005 erhielten die Riffinseln Les Écréhous, Les Minquiers und Les Pierres de Lecq, auch »The Paternosters« genannt, denselben Status im Bailiwick of Jersey, ferner Alderneys Westküste und die Vogelinsel Burhou (1500 ha). Es folgte auf Guernsey 2006 das 426 ha große Gebiet um Lihou (inkl. Colin-Best-Reservat). All diesen Arealen ist gemeinsam, dass ihre Pflanzen- und Tierwelt unter Extrembedingungen im Gezeitenmeer lebt – über Stunden Sonne und Wind oder heftigen Regenfällen ausgesetzt ist, ehe die Flut die Last einer meterhohen Wassersäule aufbaut. Permanent wechseln die Druckverhältnisse in den Gezeitentümpeln ebenso wie der Salzgehalt.

Dem Härtetest starker Strömungen und der Welleneinwirkung halten Seegras und Algen nicht immer stand. Nach Sturmtagen türmen sich meterdicke Tangpakete an den Stränden. Nur noch wenige Landwirte pflegen die alte Tradition, den kostenlosen Dünger von der Küste für ihre

Felder zu nutzen. Bis in die 1950er-Jahre sammelten sie den ange-
schwemmten Tang, »wash« oder »venant« genannt, direkt vom Strand.
Oder sie fuhren mit Pferd und Wagen weit hinaus ins Felsenwatt und
schnitten dort vorwiegend die langen Stränge des Knotentangs (Asco-
phyllum nodosum). Sein Wert als Dünger, Brennstoff zum Heizen, Räu-
chern und für die Herstellung von Löschkalk war so hoch, dass in Jersey
noch Mitte des 18. Jh. Familien vor Gericht zogen, um für das uneinge-
schränkte Recht des Tangsammelns in einem bestimmten Gebiet beim
Wachturm Seymour Tower zu kämpfen. Bestätigt in ihren Ansprüchen,
konnte die Familie Payn ihr Territorium an den Eckpunkten mit eingra-
vierten P-Buchstaben markieren. Mit etwas Muße sind fünf der ursprünglich sechs »Ps« noch zu entdecken. Der fehlende Buchstabe liegt
vermutlich unter Seymour Tower.
Während des Zweiten Weltkriegs, als Desinfektionsmittel knapp wurden,
verwendeten nicht nur die Bauern die besonders jodhaltigen, palmenar-
tigen Blätter der Laminaria-Algen zum Verbinden von Wunden.

EUROPAS GRÖSSTES FELSENWATT

Noch vor 12 000 Jahren zogen die Mammutherden zwischen dem Gebiet
der Kanalinseln und dem heutigen Festland von Frankreich umher. Die
Atlantikküste war weit nach Westen vorgeschoben. Der vorwiegend aus
östlicher Richtung wehende Wind lagerte feine Tonmineralien auf der
Tundra ab. Die eiszeitlichen Lössschichten sind bis in die Gegenwart im
Watt sichtbar – und der Grund für die hohe Fruchtbarkeit der Inseln.
Der nacheiszeitliche Meeresspiegelanstieg von rund 100 m bedeutete al-
lerdings »Land unter« für die Bucht von Mont St-Michel. Aus Inselbergen
wurden Inseln, und einst höher gelegene Plateaus fallen heute nur bei
Springtiden trocken: zerfurchter Granit, Diorit, Gneiss und Schiefer kahl
oder dicht mit Tang bewachsen. Im Südosten von Jersey erstreckt sich
über Kilometer ein faszinierendes Felsenwatt, das größte ganz Europas.
Rund 240 Tangarten sind in Jersey identifiziert, allein mehr als 214 am
Dammweg nach Lihou Island (Guernsey), darunter einige aggressive
Neuankömmlinge aus dem Pazifik wie Japanischer Beerentang (Wire-
weed, Japweed, lat. Sargassum muticum) oder Wakame (Undaria pinna-
tifada). Die Globalisierung macht vor dem Meer nicht Halt. Der Tang ist
wichtige Nahrung und Schutz für eine Vielzahl von Tieren. Welchen man
bei Wanderungen im Watt begegnet, variiert mit den Jahres- und Tages-
zeiten. In manchen Jahren tummeln sich im Frühjahr Tausende, bis 15 cm
große Seehasen (sea hares, lat. Aplysia punctata) aus der Familie der

Breitfußschnecken in den Prielen und Gezeitentümpeln. Bei Bedrohung stoßen sie eine purpurfarbene Flüssigkeit aus, die sie in eine Farbwolke hüllt. Zugleich sondern sie als chemische Keule Opalin ab. Die helle klebrige Flüssigkeit setzt bei Angreifern wie etwa einem Hummer dessen sensorische Öffnungen an den langen Tentakeln zu, sodass sie nichts schmecken können und von den Seehasen wieder ablassen.

Ganzjährig lösen Seeanemonen Bewunderung aus. Absolut zauberhaft sind auch die grünen Wachsrosen mit ihren lilafarbenen Tentakelspitzen (Snakelocks anemones, lat. Anemonia viridis) oder die flachen, sandbraunen Seemannsliebchen (Daisy anemones, lat. Cereus pedunculatus). Von den Muscheln zu Millionen ganz zu schweigen.

GARTEN EDEN KÜSTE

An Tagen der Springtiden eilen passionierte Insulaner, ausgerüstet mit Spaten und Grabgabeln, ins Felsenwatt auf der Jagd nach Herz- und Venusmuscheln, Wellhornschnecken, Austern sowie kleinen Strandschnecken. Die langen Schwertmuscheln (Schwertförmige Scheidenmuscheln) fangen sie mit Salz, das sie auf die ovalen Löcher im Sand streuen und den Tieren die Rückkehr der Flut vortäuschen, sodass sie sich an die Oberfläche schieben. Wer weit draußen im Watt mit Stöcken die Höhlungen am Fuß der Felsen untersucht, hat es auf Hummer und große Krebse abgesehen.

Als Trüffel des Meeres gelten jedoch Seeohren (ormer) aus der Familie der Abalone. In viktorianischer Zeit sammelte man sie zu Tausenden zur Fertigung von Knöpfen, Kämmen und Einlegearbeiten aus dem Perlmutt der Schalen. Das angeblich zähe Fleisch köchelte über Stunden in Eintöpfen. Die Methode lässt Küchenchefs heute erschaudern. Sie empfehlen, das gesäuberte Fleisch wie ein Steak zu klopfen und fein zu schneiden. Kurz gebraten zergeht es auf der Zunge.

In der Ernährung der Einheimischen hat der Tang, ganz anders als etwa in Wales oder an der Westküste Irlands, nie eine Rolle gespielt, obwohl die gleichen Arten im Watt wachsen. Lediglich mit den filigranen rotbraunen »Blättern« des Knorpeltangs (Caragheen, lat. Chondrus crispus) haben die Hausfrauen durch Kochen mit Milch oder Wasser eine neutral schmeckende Gelatine gewonnen. Carrageen ist nach wie vor ein viel verwendetes Geliermittel in der Lebensmittelindustrie.

»Wise use«, die kluge Nutzung eines Gebiets, lautet der Grundgedanke des Ramsar-Konzepts. Die Kanalinseln haben allen Anlass dazu, das einzigartige Felsenwatt als kostbares Biotop, Nahrungsquelle und Freiraum für die Bevölkerung zu bewahren.

FESTE FEIERN

Natur, Geschichte, kulinarische Genüsse und das Meer stehen im Mittelpunkt der vielfältigen Veranstaltungen. Abgesehen von Weihnachten und einem Patronatsfest mit Prozession zu Ehren von St. Helier in Jerseys Hauptstadt fehlen religiöse Feste auf den Inseln.

Der bäuerliche Alltag und frühere Hoffeste nach der Ernte inspirierten etwa **La Faîs'sie d'Cidre**. Dann werden auf dem Museumsgut **Hamptonne** in Jersey Cidre-Äpfel gepresst, und zwar in einem der großen, ringförmigen Granittröge, über den ein Pferd einen Mühlstein zieht. Moriskentänzer und Musiker verbreiten eine heitere Stimmung. Bei einem Ereignis wie diesem dürfen vor allem »Jersey wonders« nicht fehlen. Der Duft dieses luftigen Schmalzgebäcks zieht auch durch **Samarès Manor**, wenn zum **Country Fair** die alte Backstube des Gehöftes geöffnet wird.

DEM MEER VERBUNDEN

Die Hafenfeste in Havre de Pas (St. Helier), Bonne Nuit, Gorey oder St. Peter Port bieten wunderbare Unterhaltung, denn Musikdarbietungen und abendliche Feuerwerke stehen immer auf dem Programm.

◀ Spaß bei Sarks Sheep Racing (▶ S. 50):
»Welcher »Jockey« hat das schnellste Schaf?

Kulinarische Festivitäten rund um die Produkte des Meeres und der heimischen Landwirtschaft entstanden mit einem Blick auf den Tourismus. Im Mittelpunkt bleibt jedoch die einheimische Bevölkerung, die gerne die Gelegenheit zum Schmaus wahrnimmt. Beste Beispiele sind hier das **Seafood Festival** in Alderney oder Jerseys **Food Festival** mit Führungen, Themenwanderungen und exzellenten Menüs in den Restaurants.

In Erinnerung an den Versuch von Guy Fawkes, im Jahr 1605 das Londoner Parlament zu sprengen, brennen in der Nacht des 5. November große Feuer. »Budloe night« nennt man die »bonfire night« in Guernsey, wo sie einen Bezug zu den Feuern der alten Wikinger in der Nacht der Wintersonnenwende hat. Ursprünglich verbrannte man den »yule log« als Reinigungsritual und feierte mit einem opulenten Mahl.

APRIL

Wildflower Fortnight Sark
Geführte Wanderungen und eine Ausstellung über die heimische Flora.
Zwei Wochen Ende April/Anfang
Mai | www.sark.info

MAI

Milk-O-Punch Sunday, Alderney
In Alderney lohnt es sich, den überall in Pubs ausgeschenkten Milch-Rum-Punsch zu probieren.
Erster Sonntag im Mai

Liberation Day, Jersey und Guernsey
Festlichkeiten zum Tag der Befreiung von der deutschen Besatzung 1945.
9. Mai

Alderney Seafood Festival
Kulinarische Festwoche.
Zehn Tage Anfang/Mitte Mai |
www.visitalderney.com

Gorey Fête de la Mer, Jersey
Hafenfest mit vielen Essensständen und Musik. Fulminantes Feuerwerk gegen 22 Uhr als Abschluss.
Donnerstag Mitte Mai

Jersey Food Festival
Themenbezogene Wanderungen, Kochevents, Führungen durch Produktionsstätten sowie Spezialmenüs in Restaurants stellen Jersey kulinarisch vor.
Neun Tage Mitte Mai | www.jersey.com,
www.genuinejersey.com

Spring Walking Week, Jersey und Guernsey
Vielfältige Wanderungen mit Experten der unterschiedlichsten Sparten.
Eine Woche Mitte Mai | www.jersey.com/walking, www.visitguernsey.com

Alderney Wildlife Week
Vielfältige Veranstaltungen rund um das Thema Natur.

Sieben Tage Ende Mai | www.alderney
wildlife.org

JUNI

Bloomin' Alderney

Eine Woche der Gartenkultur mit Öff-
nung schöner Privatgärten.
Eine Woche Mitte Juni | www.visit
alderney.com

Bonne Nuit Harbour Festival, Jersey

Kleine Hafenbucht, großes Fest – mit
Imbissständen und Musik.
Samstag Mitte Juni

JULI

Floral Guernsey Summer Festival
Week

Privatgärten sind geöffnet, spezielle
Themenführungen (auch auf Herm).
Workshops, Vorträge führender Gar-
tenspezialisten.
Sieben Tage Anfang Juli | www.floral
guernsey.co.uk

Sark to Jersey Rowing Race

Ruderregatta unterschiedlicher Diszip-
linen von Sark nach Bonne Nuit Bay.
Anfang Juli

Le Viaer Marchi, Guernsey

Historischer Markt mit traditionellen
Speisen wie Bean Jar und Gâche, alten
Liedern und Tänzen in einer herrli-
chen Parkanlage.
Saumarez Park | Erster Montag im Juli,
17.30–20 Uhr | www.visitguernsey.com

Sheep Racing, Sark

Aus der bäuerlichen Tradition entstanden die heiteren Schafrennen auf der
Wiese neben der Island Hall. Der größte Spaß sind die Wetten …

Wochenende Mitte Juli | www.sark.co.
uk/events

Alderney Week

Festwoche mit Karnevalscharakter,
witzigen Wettbewerben und Partys.
Ende Juli/Anfang August | www.visit
alderney.com

Rocquaine Regatta, Guernsey

Anlässlich der Segelregatta buntes Programm an der Rocquaine Bay.
Ende Juli/Anfang August

AUGUST

Jersey Seaside Festival Havre
de Pas

Hafenfest mit Ständen für Essen und
Getränke, Textilien und Nippes. Spiele
für die Kinder am Strand; Musik auf
den Terrassen des Pools.
Sonntag Anfang August

Battle of Flowers

Im Mittelpunkt der »Blumenschlacht«
steht eine mehrstündige Parade kunst-
voll geschmückter Wagen. Aus teils
über 100 000 Blüten, Papierblumen
und gefärbten Sumpfgrassamen pro
Objekt gestalten die Teilnehmer fanta-
sievoll Fabelwesen, Tiere und andere
Figuren. Musikkapellen begleiten den
Korso, der mit der Prämierung der besten Wagen und einem Feuerwerk endet. Früher stürzten sich die Teilnehmer und Zuschauer nach der Parade
auf die Wagen und lieferten sich mit
den Blüten eine Schlacht (»battle«).
Auf Jersey zweiter Donnerstag, auf
Guernsey vierter Donnerstag im August,
Moonlight Parade auf Jersey Freitag-
abend | www.battleofflowers.com (Jer-
sey), www.visitguernsey.com/events

Samarès Manor Country Fair, Jersey

Erntefest auf dem Hofgut von Samarès Manor. Schöne Unterhaltung für die ganze Familie.

Bank-Holiday-Montag Ende August | www.samaresmanor.com

Portuguese Food Festival, Jersey

Der Duft portugiesischer Gerichte schwebt über den Hafenbereich bei Jardin de la Mer und lockt Tausende Besucher an – rund 7 % der Bevölkerung Jerseys stammen aus Portugal.

Bank-Holiday-Wochenende Ende August

Harvest Festival Sark

Kleines Erntevolksfest mit allerlei Unterhaltung.

Ein Tag Ende August | www.sark.co.uk

SEPTEMBER

Alderney Island Air Races

Flugschau mit über 20 Maschinen, die in den Britsh Air Racing Championships miteinander konkurrieren.

Drei Tage im September | www.visit alderney.com

Battle of Britain Air Display, Guernsey

Flugtag mit alten Militärmaschinen am Flughafen und waghalsigen Manövern in der Luft.

Ein Tag im September

Jersey Regatta

Das größte Segelevent der Insel.

Drei Tage Anfang September

Autumn Walking Week, Jersey und Guernsey

Vielfältige Wanderungen mit Experten der unterschiedlichsten Sparten.

Eine Woche Anfang/Mitte September (nicht in derselben Woche) | www.jersey.com/walking, www.visitguernsey.com

International Air Display, Jersey

Kostenlose Flugschau über St. Aubin's Bay mit Teilnahme alter Flugzeuge und der Red Arrows, der Kunstflugstaffel der British Air Force.

Zweiter Donnerstag im September

Motor Sprint & Hill Climb, Alderney

Auto- und Gokart-Rennen auf einer Sprintstrecke in der Nähe von Fort Corblets und Fort Tourgis.

Zwei Tage Mitte September

OKTOBER/NOVEMBER

Tennerfest

Sechs Wochen konkurrieren Hotels und Restaurants auf Jersey und Guernsey mit Köstlichkeiten zu kleinen Preisen. Menüs ab 10 £, dem »tenner«. Die »Tennerfest«-Zeitung listet alle Lokale mit Adressen und Auswahlmenüs.

Anfang Oktober bis Mitte November | www.tennerfest.com

Angling Festival Alderney

Wer hat wohl den dicksten Fisch an der Angel?

Eine Woche Mitte Oktober | www.visit alderney.com

La Faî'sie d'Cidre & Sounds and Cidre, Jersey

Fest des Cidre-Pressens im Museumsgehöft Hamptonne mit Musik und Tanz am Abend.

Wochenende Ende Oktober | Hamptonne, Rue de la Patente, St. Lawrence | www.jerseyheritage.org

MIT ALLEN SINNEN
Die Kanalinseln spüren und erleben

*Reisen – das bedeutet aufregende Gerüche und neue Geschmacks-
erlebnisse, intensive Farben, unbekannte Klänge und unerwartete
Einsichten; denn unterwegs ist Ihr Geist auf besondere Art und Weise
geschärft. Also, lassen Sie sich mit unseren Empfehlungen auf das
Leben vor Ort ein, fordern Sie Ihre Sinne heraus und erleben Sie
Inspiration. Es wird Ihnen unter die Haut gehen!*

◄ Bezaubernd blühen die Blue Bells (Wald-hyazinthen, ▶ S. 55) jedes Frühjahr aufs Neue.

ESSEN UND TRINKEN

Cream Tea im Cobo Tea Room 🛉🛉
🔖 B 1

Schlemmen mit Blick auf den weiten Atlantik – eine unübertreffliche Erfahrung. An Guernseys Westküste serviert das sympathische Café nachmittags auf einer Terrasse vorzüglichen Cream

Tea, das heißt Scones mit Erdbeermarmelade und »clotted cream« zu Tee oder Kaffee. Selbst bei Regenwetter fühlt man sich am Ende eines Wander- oder Besichtigungstages im behaglichen Café richtig aufgehoben, um zu entspannen und den Tag genussvoll ausklingen zu lassen.

Guernsey, Castel, Cobo Coast Road | Tel. 0 14 81/25 33 66 | www.cobotearoom. com | Di–So 8–17 Uhr, während der örtlichen Schulferien auch Mo | €

AKTIVITÄTEN

Judith Quérée's Garden 🚩 1
🔖 B 4

In der Senke eines steilen Tales liegt der traumhaft schöne, private Cottage Garden, durch den die Besitzerin in den Sommermonaten mit Enthusiasmus

selbst führt. Nicht nur, dass sie mit ihrem Mann Nigel das einst verfallende Haus wieder restauriert hat und auf das Recycling von Materialien größten Wert legt, jede Pflanze in ihrem bunten Paradies hat sie eigenhändig gesetzt. Faszinierend ist der Kontrast zwischen den sonnig-trockenen Bereichen und den Schattenzonen. Von vielen Gewächsen – besonders stolz ist sie auf ihre Klematis-Sammlung – kennt Judith Quérée auch die deutschen Namen, von den lateinischen ganz zu schweigen. Lassen Sie sich inspirieren von den Farben und den Duftbouquets der Staudenbeete.

Jersey, Creux Baillot Cottage, Leoville, Chemin des Garennes | Tel. 0 15 34/ 48 21 91 | www.judithqueree.com | Mai–Sept. Touren Di–Do 11 und 14 Uhr, nur nach Anmeldung | Gartentour 6 £

Bootstour zu Les Ecréhous oder Les Minquiers

Sehnen Sie sich nicht manchmal nach türkisblauem Wasser und der Stille entlegener Inseln – ohne auf neuzeitlichen Komfort verzichten zu müssen? Ausflüge von Jersey zu den Riffinseln Les Ecréhous (11 km) oder Les Minquiers (21 km) bieten genau dies: eine sichere und flotte Überfahrt in Schlauchbooten mit Festrumpf (engl. R.I.B. – rigid inflatable boat) und auf den Eilanden Muße für ein Picknick (mitzubringen) – die Füße im Wasser und viel einsame Natur rundum. Bis um 1900 lebten auf den winzigen Inseln nur Fischer, die zum Zeitvertreib Reusen oder Körbe flochten und Seetang sammelten. Ihre »cabins« sind heute, bis auf jeweils eine, die die Zollbehörde verwaltet (und vermietet), in

Besitz alt eingesessener Familien. Sind die Besitzer für ein Wochenende oder nur ein paar Stunden anwesend, stehen in der Regel die Türen offen, und man erhascht einen Blick ins Innere. Ideal sind Sonnentage zu Zeiten der Springtiden, wenn gewaltige Sandflächen trocken fallen. Die Untiefen strahlen dann in zauberhaften Blauschattierungen.

3- bis 4-stündige Touren mit Jersey Seafaris, bis zu drei pro Tag | Tel. 0 78 29/77 22 22 | www.jerseyseafaris.com | 39–50 £ Geführte Wanderungen auf Les Ecréhous (7 Std. mit Transfer auf ehem. Lotsenboot) bei Jersey Walk Adventures | Tel. 077 97/ 85 30 33 | www.jerseywalkadventures. co.uk | 65 £

Kajakfahren 🧍‍♂️🧍

In kleinen Gruppen auf dem Meer die Küsten zu erkunden, ist ein ungewöhnliches Erlebnis. Man muss keine Eskimorolle beherrschen oder Paddelerfahrung haben, um die offenen Sit-on-top-Kajaks entspannt durch die Wellen zu steuern. Die einheimischen Guides führen Sie vorbei an Wracks, zu tiefen Höhlen und winzigen Stränden. Die spektakulären Klippen, die man vielleicht schon aus der Höhe bei einer Wanderung bewundert hat, sieht man nun von Meereshöhe aus, während die Wellen sanft an die Boote klatschen. Oder Sie gleiten am Fuß des mächtigen Mont Orgueil Castle vorbei in den Hafen von Gorey. Möwen oder Kormorane ziehen dicht über Ihnen hinweg, rotschnäblige Austernfischer pfeifen aufgeregt, sobald man zu nahe kommt. Geübten stehen geschlossene Meereskajaks zur Verfügung. Neoprenanzüge, winddichte Jacken und Schwimmwesten werden immer gestellt. Die

Startpunkte wechseln je nach Wind und Gezeiten.

Jersey Kayak Adventures | Tel. 0 77 97/85 30 33, 0 15 34/85 31 38 | www.jerseykayak adventures.co.uk | ganzjährig für alle Könnensstufen, Kinder ab 4 Jahre
Outdoor Guernsey (auch auf Herm) | Tel. 0 14 81/72 78 18 | www.outdoor guernsey.co.uk

Picknick auf Sark ▶ S. 105

Das 5,5 qkm kleine Sark – die Insel ist autofrei und das Leben mehr als geruhsam – können Sie nur zu Fuß oder mit dem Fahrrad erkunden. Ein Picknick am Rande der steil aufragenden Felsen mit Meerespanorama verstärkt noch den Eindruck dieses ungewöhnlichen Eilands. Warum nicht dafür morgens im kleinen Supermarkt auf The Avenue die dottergelbe Sark-Butter, etwas Käse und kühle Getränke einkaufen? In der Boulangerie Victor Hugo gegenüber duften knuspriges Brot, Feingebäck und Quiches.

Ideale Plätze für das Picknick sind etwa der Hang unterhalb des Pilcher Monuments mit Blick auf Gosselin Harbour und Brecqhou, das Tal bei Window in the Rock, der Strand Grand Greve unterhalb von La Coupée oder die Plateaus oberhalb des Gratweges. Mit dem Fahrrad erreicht man leicht auch Little Sark, wo bei den alten Silberminen und nahe dem Venuspool idyllische Wiesen und Bänke mit Blick auf den Vogelfelsen L'Etac einladen. Überall umgibt einen idyllische Natur.

Sark, Fähren mehrmals tgl. ab und bis Guernsey, 2- bis 3-mal wöchentlich April–Sept. ab und bis Jersey | Läden in The Avenue geöffnet Mo–Sa 9–17, So bis 13 Uhr

WANDERN
Biolumineszenz-Wanderung

Die Milchstraße leuchtet magisch über der Wandergruppe und noch dazu sprühen Funken in den Prielen. Selbst wenn die Sterne nicht strahlen, auf den nächtlichen Biolumineszenz-Touren von Jersey Walk Adventures werden Sie leuchtende Würmer im Watt sehen – ganz ohne Taschenlampe.

Schnell fasst man Vertrauen, im Dunkeln über Seetang und Sand zu laufen. Auf der geheimnisvollen Suche nach den winzigen Unbekannten bekommt man zwar nasse Füße, doch kann man Gummistiefel oder Neoprenschuhe günstig ausleihen. Und dass man erst spät ins Bett kommt – im Winter allerdings früher –, lohnt das faszinierende Erleben der Landschaft und ihrer ungewöhnlichen Bewohner allemal.

Jersey Walk Adventures | Tel. 0 77 97/ 85 30 33, 0 15 34/85 31 38 | www.jersey walkadventures.co.uk | ganzjährig Wanderungen in kleinen Gruppen; nur mit Voranmeldung | Erw. 15,50 £, Kinder bis 18 Jahre 7,50 £

Wandern durch die Blue-Bells-Täler

Blau so weit das Auge reicht … wenn zu beiden Seiten des Weges die Waldhyazinthen zu Tausenden mit ihren Glöckchen nicken, versetzt dies selbst Naturmuffel ins Staunen. Dem Zauber der Blue Bells kann man sich schwer entziehen. Ende April, Anfang Mai wogt das tiefe Blau entlang des Küstenpfades von St. Peter Port nach Fermain Bay in Guernsey. In Gehölzen und entlang der Klippen geben sie auch auf Herm den Farbton an. Auf Sark blühen Blue Bells an den Hängen des Spazierwegs vom Hafen ins Dorf sowie im Dixcart Valley bei Stocks Hotel. Die Wanderer der Klippenpfade erleben sie auf Jersey zwischen Grosnez und Grève de Lecq sowie westlich von Bouley Bay.

Informationen über die Frühlingsblüte bei den Verkehrsämtern. Der Zeitpunkt variiert je nach Länge des Winters.

Schwimmwesten trägt man nur zur Vorsicht auf den sicheren Schlauchbooten mit Festrumpf, wenn man mit Jersey Seafaris auf Bootstour zu winzigen Riffinseln geht (▶ S. 53).

Der nur bei Ebbe begehbare Weg zum Corbière Lighthouse (▶ MERIAN TopTen, S. 73).

DIE KANALINSELN
ERKUNDEN

JERSEY

Ländlich idyllisch und urban dynamisch, die größte der Kanalinseln überrascht als ein Kosmos im Kleinen zwischen dramatischen Klippen, weiten Sandstränden, trutzigen Burgen, schmucken Häfen und einer quirlig internationalen Hauptstadt.

Berlin ist fast achtmal größer als Jersey, das auf 116 qkm Lebensraum für gut 100 000 Menschen bietet. Ein Drittel von ihnen wohnt in der Inselhauptstadt St. Helier.

Landschaftlich ist Jersey sicher die abwechslungsreichste der »Channel Islands«. Die Küstenszenerie wechselt zwischen weltabgeschiedenen Sandbuchten und jäh abfallenden Felsen, weichen Dünentälern und felsübersäten Wattflächen. Im August und September wandern Sie auf den Klippenpfaden über violett leuchtende Heideareale und nur wenige Minuten entfernt durch urwaldhaft grüne Täler. Stufenwege ziehen sie sich hinunter in kleine Buchten und klettern hinauf zu imposanten Kaps. Wie ein Spinnennetz überziehen die Green Lanes die Insel, führen zu stillen Gehöften, alten Wassermühlen und prächtigen Gärten – ländliche Idyllen, wie man sie auf einer dicht besiedelten Insel kaum vermutet.

◄ Das Mont Orgueil Castle (▶ S. 75) ist das beliebteste Fotomotiv der Jersey-Werbung.

Alderney

Guernsey

Herm

Sark

Jersey

Megalithische Denkmäler, Burgen und Herrenhäuser bezeugen Jerseys Bedeutung über Jahrtausende. Museen informieren über Kultur, Geschichte und die Geografie des Archipels. Nicht nur zu »June in Bloom« zeigen im Sommer Privatgärten ihre Blumenpracht.

FRANZÖSISCH-BRITISCH

Ist die Küche auch französisch beeinflusst, so verrät der Lebensstil der Jerseyaner deutlich britischen Charakter: ein sympathischer Mix aus Traditionsbewusstsein, Ungezwungenheit und Individualismus. Man schätzt das Treffen mit Freunden im Pub und das Sunday Lunch mit der Familie. Jersey lebt von einem der zumindest optisch saubersten Wirtschaftszweige der Welt: dem Finanzwesen. Aus in- und ausländischen Fondsverwaltungen, Versicherungen, Geldanlagen und verwandten Aktivitäten stammen etwa 40 % des Nationaleinkommens. Weitere Standbeine sind Tourismus und Dienstleistungsgewerbe. Der Anteil der einst bedeutenden Landwirtschaft ist inzwischen auf 1,3 % gesunken. Ihre wichtigsten Produkte sind Kartoffeln, Schnittblumen und Milch.

ST. HELIER

Stadtplan ▶ Klappe hinten
ca. 30 000 Einwohner

Jerseys Hauptstadt ist eine verkehrsreiche und lebendige Kleinstadt mit schmucken Häusern aus dem 19. Jh. Hier stellen rund 40 Banken sowie zahlreiche Fond- und Investmentgesellschaften Tausende Arbeitsplätze. Ein Spaziergang am zentralen Jachthafen entlang zum Liberation Square mit der Skulptur zum 50. Jahrestag der Befreiung im Jahr 1945 und durch die Fußgängerzone zu den Markthallen vermittelt schnell St. Heliers Flair. Reserviert man für den Besuch der Museen sowie von Elizabeth Castle einen eigenen Tag, lässt sich das Zentrum der Stadt an einem halben Tag erkunden – ganz in Ruhe und mit dem Blick in attraktive Schaufenster.

Ein herrliches Hafenpanorama eröffnet sich dem Blick von Fort Regent (Anfang 19. Jh.). In seinen massiven Mauern, überwölbt von einer weißen Kuppel, entstand das größte Sport- und Freizeitzentrum der Insel mit einer Konzerthalle für 2000 Personen.

SEHENSWERTES

❶ 16 New Street Georgian House

Wenn die gemütliche Köchin werkelt, erwacht das edle Haus eines Richters zum Leben. Um 1730 entstand es inmitten von Apfelgärten am Rand der Stadt. St. Helier wuchs, und das Grün rundum verschwand. Restauriert sind die Räume, die als Lager heruntergekommen vom Abriss bedroht waren.

16 New St. | April–Okt. Do–Sa 10–17 Uhr, Nov.–Dez. nur Sa | Eintritt 5 £, Kinder 3 £ | Museumsshop

❷ Elizabeth Castle

Auf zwei Felseninseln nahe der Hafeneinfahrt von St. Helier liegt eine der eindrucksvollsten Burgen der Kanalinseln. Sie sollte Mont Orgueil Castle als Hauptfestung ablösen. Sir Walter Raleigh, Gouverneur der Insel von 1600–1603, ließ mit energischer Hand die Ende des 16. Jh. begonnenen Bauarbeiten fortführen. Er benannte das Fort nach »seiner« Königin, Elizabeth I.

Die als Museum umgebauten Kasernen dokumentieren anschaulich das Leben von Soldaten und Offizieren sowie die Entwicklung des Schlosses.

Das Castle ist über eine Mole mit dem »Hermitage Rock« verbunden. Hier lebte um 540 der Eremit Helier (gest. 555).

Erreichbar mit blauen Amphibienfahrzeugen ab Esplanade (neben Café Fregatte) oder bei Ebbe über einen Dammweg (Zeiten stehen am Kiosk) | www.jerseyheritage.org | April–Nov. tgl. 10–17.30 Uhr | Eintritt 10,10 £

❸ Havre de Pas

Der Bau der Eastern Railway nach Gorey Ende des 19. Jh. brachte dem Hafenviertel der Fischer und Werften unge-

ahnten Aufschwung. Es wandelte sich zu einer Sommerfrische, deren Häuser entlang der Promenade noch mit verschnörkelter Gusseisenzier prunken. Ab 1852 hatte Victor Hugo dort für drei Jahre in einem Strandhaus gelebt (nicht erhalten) – eine Fotografie zeigt ihn, an einen Felsen gelehnt, neben dem White Horse Pub.

1895 feierte der Swimming Club die Eröffnung des bis heute populären Pools, der bei Ebbe kostenlosen Badespaß gewährt. Die Terrasse über dem Imbisslokal eignet sich herrlich zum Sonnen. Lawrence von Arabien kam als Kind mehrfach mit seiner Familie in ein Haus an der Straße hinauf zu Mount Bingham (Gedenktafel).

❹ Markthalle und Fischmarkt

Das Angebot der Stände für Obst, Gemüse, Fleisch, Käse und Backwaren ist bunt und vielfältig wie am Mittelmeer. Britisch wirken Architektur und Brunnen der Halle, die 1881 zur 100-Jahr-Feier der »Battle of Jersey« (▶ S. 140) eröffnet wurde.

Jenseits der Beresford Street liefern die Fischer den Reichtum des Meeres an die Stände des Fischmarktes: Austern, Hummer, Meeraale, Rochen …

Halkett Place/Beresford St. | Mo–Sa 7.30–17.30, Do bis 14 Uhr

❺ Royal Square

Der ehemalige Marktplatz gleicht einem historischen Schaufenster: Gleich zweimal wurde Charles II. im 17. Jh. hier zum König ausgerufen. Die Statue von George II. aus dem Jahr 1751 erinnert an ein königliches Geschenk von 200 £ für den Ausbau des Hafens. 1781 besiegten auf dem Platz in der »Battle of Jersey« englische Truppen französische Invasoren. In das Pflaster eingelegt entdeckt man u. a. Gedenksteine für das 60-jährige Kronjubiläum von Elizabeth II. sowie ein »V« für Churchills »victory«-Zeichen und »Vega«, das Schiff des Roten Kreuzes, das 1944 Tausende Care-Pakete brachte. In den Gebäuden auf der Ostseite tagen Gericht und Parlament.

❻ St. Helier Parish Church
Einst lag die Pfarrkirche (11./14. Jh.) mit ihrem Friedhof direkt am Meer. Major Peirson, der Held der »Battle of Jersey«,

ist hier beigesetzt, sein Kontrahent Baron de Rullecourt außerhalb vor dem Haupteingang. Peirsons Grabplatte befindet sich in der Vierung, eine Gedenktafel in der rechten Seitenkapelle. Erst im 19. Jh entstanden die fein gezeichneten Glasfenster.

MUSEEN UND GALERIEN
❼ Jersey Museum & Art Gallery
In einem Lagerhaus des 18. Jh. und dem Haus eines viktorianischen Kaufmanns präsentiert das Museum modern und vielseitig die Kulturgeschichte der Insel sowie Alltag und Wirtschaftsleben ver-

Auf dem Fischmarkt (▶ S. 60) in St. Helier werden die Vorzüge offenkundig, die das Inselleben bietet: Hummer, Krebse und andere Köstlichkeiten aus dem Meer liegen fangfrisch aus.

Der Fingerzeig auf einer alten Glocke deutet dem Suchenden unübersehbar die Richtung zum Maritime Museum (▶ S. 62) im Jachthafen von St. Helier (▶ S. 59).

gangener Zeiten. Ein Zwölf-Minuten-Video umreißt die Historie.

Die Kunstgalerie stellt u. a. die surrealistische Fotografin Claude Cahun (▶ S. 69) sowie die berühmte Schauspielerin Lillie Langtry (1853–1929) vor.

The Weighbridge | www.jerseyheritage.org | April–Okt. tgl. 10–17, Nov.–Dez. 10–16 Uhr | Eintritt 9 £, Audiosets auf Deutsch

8 Maritime Museum & Occupation Tapestry Gallery

Das Museum widmet sich der Seefahrtsgeschichte der Inseln. Nicht nur für Kinder bietet es unterhaltsame Stunden, um sich interaktiv mit Gezeiten, Schiffbau oder dem Leben der Seeleute zu beschäftigen.

Die Galerie umfasst zwölf Bildteppiche im Format 1,82 x 0,86 m, die in den zwölf Pfarrbezirken zum 50. Gedenktag der Befreiung im Jahr 1995 gestickt wurden. Sie zeigen das schwere Leben während der Besatzungszeit. Vor dem Museum steht eine Gedenkstätte für die in Internierungslagern umgekommenen Jerseyaner.

New North Quay | www.jerseyheritage.org | April–Okt. tgl. 10–17 Uhr | Eintritt 8,90 £

ÜBERNACHTEN

9 La Bonne Vie

Viktorianischer Charme – In dem um 1890 erbauten Stadthaus entstand eine romantisch möblierte Pension mit kleinem Garten – nah zum Meer sowie zum Zentrum.

Roseville St. (Havre des Pas) | Tel. 73 59 55 | www.labonnevieguesthousejersey.com | 10 Zimmer | €

10 Hotel de France

Groß und dennoch persönlich – Imposanter Bau im Stil eines Kurhotels. Vier-Sterne-Komfort, feine Küche, großer Pool und Ayush Wellness Spa.
St. Savior's Rd. | Tel. 61 40 00 | www.hoteldefrancejersey.co.uk | 286 Zimmer | €€€

11 Merton Hotel 👥

Voller Leben – Das gehobene Drei-Sterne-Hotel ist ruhig gelegen; zwei Minuten zum Howard Davis Park und zehn Minuten ins Zentrum. Im Wasserpark »Aquadome« geht es tropisch zu. Terrasse, mehrere Bars und Restaurants.
St. Saviour, Belvedere Hill | Tel. 72 42 31 | www.seymourhotels.com | 286 Zimmer, 28 Apartments | €€

ESSEN UND TRINKEN
RESTAURANTS

12 Banjo's 🚩

Fine Dining – In-Restaurant in ehemaligem Gentlemen's Club, populär für das legere Lunch oder opulentes Tafeln.
Beresford St. | Tel. 72 23 58 | Mo–Sa Restaurant 12–16, 18–21, Bar 10–23 Uhr | €€€

13 Bohemia Bar & Restaurant

Tempel der Gourmets – Auch Steve Smiths kreativer Küche verlieh Michelin 2013 wieder einen Stern, den Vorgänger Shaun Rankin 2005 ergattert hatte. Probieren Sie die einmaligen Jakobsmuscheln. Herrliche Dachterrasse.
Green St. | Tel. 88 05 88 | www.bohemiajersey.com | Mo–Sa 12–14.30, 18.30–22 Uhr | €€€€

14 Café Jac

Kreativ und preiswert – Das Café-Restaurant des Arts Centre überzeugt mit legerem Ambiente und frischer Marktküche. Köstliches Frühstück.
Philipps St. | Tel. 87 94 82 | Mo–Fr 7.30–20, Bar bis 23 Uhr, Sa 9–15, Bar bis 20 Uhr | €

15 Café Spice

Indisch elegant – Hier offenbart Abdul Samid die Kunst, mit Gewürzen zu zaubern. Vor allem: Indisch heißt nicht immer feurig scharf. Auch Take-away.
53 Kensington Pl. | Tel. 73 73 77 | www.cafespiceindianjersey.com | tgl. 12–14 und 18–24 Uhr | €€

16 Moo 🚩

Gesund und lecker – Neben Salaten, süßen und herzhaften Backwaren und köstlichen Wraps locken zur Abrundung auch Frozen Yoghurts.
47 New St. | Tel. 61 83 96 | Mo–Fr 7–15, Sa 9–14 Uhr | €

17 Ormer 🚩

Sterne-Küche – Nur wenige Monate nach der Ormer-Eröffnung im Frühjahr 2013 verliehen die Michelin-Inspektoren Shaun Rankin wieder einen Stern. Ledermobiliar und gedämpftes Licht schaffen das adäquate Ambiente für die von der Insel inspirierten und raffiniert verfeinerten Gerichte. Ein Muss: der Aperitif auf der Dachterrasse. Moderate Preise für Mittagsmenüs.
7–11 Don St. | Tel. 72 51 00 | www.ormerjersey.com | Mo–Fr 9–22, Sa 12–22 Uhr | €€€

18 Tiffin 🚩

Allrounder – Ein vielseitiges, modernbarockes Restaurant und Champagner-Bar am Jachthafen mit Blick auf Elizabeth Castle.

Castle Quay | Tel. 61 93 14 | www. tiffinteahouse.je | tgl. 9–22 Uhr | €€

CAFÉS
⑲ Bean around the World
Junges Café – Es gibt Snacks, süße Leckereien und Kaffees edler Sorten.
73 Halkett Place | Tel. 61 99 77 | Mo–Fr 7–21, Sa 7–19, So 8–19 Uhr | €

⑳ CoCoRico 🚩
À la Français – Sébastiens Liebe zur französischen Küche ist mit jedem Biss zu schmecken. Hausgemachte Crêpes, Salate, Aufläufe oder Kuchen.
Broad St. | Tel. 86 66 07 | Mo–Fr 7.30–16.30, Fr–Sa 18.30–20.30 Uhr | €€

㉑ Pure Charity Café
Für die gute Sache – Neben dem Brunnen der Markthalle genießt man hier günstig leckere Suppen und Sandwiches sowie – die Empfehlung – Cupcakes. Alle Einnahmen gehen an örtliche Wohlfahrtsverbände.
Central Market | Mo–Sa 8–16, Do nur bis 14 Uhr | €

KNEIPEN
㉒ The Cock & Bottle
Pubklassiker – Preiswerte Option für ein Mittagessen in einem über 200 Jahre alten Gasthaus. Im Sommer Tische im Freien. Beliebt zum Feierabendbier.
Royal Sq. | Tel. 72 21 84 | Küche im Sommer 12–19 Uhr, sonst 12–13 Uhr | €

㉓ The Lamplighter
Bier und Sport – Geht es um Rugby oder Fußball, ist man in dem Traditionspub schnell mit den Einheimischen im Gespräch. Kosten Sie ein lokales Liberation Ale oder Cider von La Mare.

9 Mulcaster St. | Tel. 72 31 19 | Mo–So 11–23 Uhr

㉔ Prince of Wales Tavern
Am besten vom Fass – Das gemütliche Pub wechselt ständig sein Angebot an britischen Bieren, die auf einer Tafel aufgeführt sind. Außerdem exquisite Auswahl an Whiskeys. Kleiner Garten.
Hilgrove Lane | Tel. 73 73 78 | Mo–Sa 11–23 Uhr

EINKAUFEN
㉕ 16 New Street 🚩
Wo sich in dem makellos renovierten Haus aus dem 18. Jh. einst eine Schreibstube befand, füllen nun geschmackvolle Karten, Bücher zu naturkundlichen Themen und Reisen die Regale.
16 New St. | April–Okt. Do–Sa 10–17 Uhr, Nov.–Dez. nur Sa

㉖ De Gruchy
Eine nostalgische, glasüberdachte Passage teilt dieses größte Kaufhaus der Kanalinseln für Bekleidung, Kosmetik, Reiseartikel und Inneneinrichtung.
King St./New St. | Shop Mo–Sa 9–17 Uhr, Brasserie, Café und Restaurant (am Eingang New St.) 9.30–16.30 Uhr | €€

㉗ Jersey Pottery ▶ S. 37

㉘ The Spice House
Netter Laden für Gewürze, Chutneys, Marmeladen, Tees und anderes.
Central Market | Mo–Sa 9–17, Do bis 14 Uhr

KULTUR UND UNTERHALTUNG
㉙ Blue Note Bar
Eine beliebte Bar, deren Livebands immer ihr Publikum haben. Im Sommer

kleine Terrasse, um das bunte Treiben in der Fußgängerzone zu beobachten.
5 Broad St. | tgl. 11–1 Uhr

③⓪ Cineworld

Moderner Kinokomplex für Filme des breiten Publikumsgeschmacks.
The Waterfront, Rue de L'Etau | Tel. 08 71/2 00 20 00 | www.cineworld.co.uk

③① Jersey Arts Centre

Kulturzentrum mit Veranstaltungen von Klassikkonzerten bis zur Avantgarde-Performance. Anspruchsvolle Filme und Ausstellungen; Café Jac (▶ S. 63).
Philipps St. | Info Tel. 70 04 45, Karten Tel. 70 04 44 | www.artscentre.je

③② Jersey Opera House

Aufführungen der unterschiedlichsten Genres, auch für Kinder.
Gloucester St. | Tel. 51 11 15 | www.jerseyoperahouse.co.uk

③③ Liberation Square – The Weighbridge

Mit einer Reihe lebendiger Terrassencafés und Restaurants ist der Platz vor dem alten Bahnhofsgebäude beliebter Treffpunkt am Abend.

SERVICE

Aurigny Air Services

Jersey Airport | Tel. 74 35 68 | www.aurigny.com

Jersey Tourism

Infozentrum mit einer Vielfalt an Prospekten. Hilfe bei der Buchung von Aktivitäten und Hotels. Verkauf des »Jersey Pass'« (▶ S. 151). Gute kostenlose Broschüre »What's on«.

Das Cock & Bottle (▶ S. 64) liegt direkt am historischen Royal Square (▶ S. 60) in St. Helier und bietet mit einer großen Sonnenterrasse viel Platz, um das Treiben zu beobachten.

Liberation Place | Tel. 44 88 00 | www.jersey.com

Liberty Bus (Linienbusse)

Multi-Journey Pass für unbegrenztes Busfahren an ein, drei oder fünf Tagen oder am Wochenende. Von Ostern bis September verbinden die LibertyLink-Busse die Hauptsehenswürdigkeiten.
Busbahnhof Liberty Station, The Esplanade | Tel. 82 85 55 | www.libertybus.je

Little Train & Bike

Minizug entlang der Promenade von St. Helier nach St. Aubin.
Endstationen: Liberation Sq. in St. Helier, Parish Hall in St. Aubin | www.littletrain.co.uk | Sommer tgl. 10–17 Uhr | einfache Tour 2,50–4,50 £, Tageskombikarte 14,50 £ inkl. Fahrrad für 1 Tag, Ermäßigungen für Kinder je nach Alter

St. Aubin's Harbour by Night

Romantischer Lichterglanz, Hafenatmosphäre und nette Terrassen, die zu einem Drink einladen – für den Abendbummel erfüllt St. Aubin alle Wunschkriterien (▶ S. 12).

INSELRUNDFAHRTEN/SPEZIALTOUREN
Char À-Banc Jersey Bus Tours

Kommentierte, 2-stündige Touren mit einem Cabrio-Bus, in den Osten bzw. Westen der Insel (10,50 £, 18 £ Mehrfahrtenticket, Kinder 6,50 bzw. 11 £). Ganztagestour im Reisebus (20 £, Kinder 10 £).
Shuttle zu den War Tunnels mit Kommentaren des Schauspielers John Nettle (bekannt aus »Jim Bergerac ermittelt«). Cabrio-Bus ab Liberation Station (3 £, Kinder 2 £).
Ticketkiosk Liberation Sq. | Tel. 86 36 24 www.jerseybustours.com | Touren tgl. März–Okt.

Jersey Special Tours

Ganztagestouren mit Minibussen – eine mit Schwerpunkt Gärten und Natur – in deutscher Sprache (31–50 £).
Tel. 72 74 94, 0 77 97/76 56 42 | www.jerseyspecialtours.com

Tantivy Blue Coach Tours

Kommentierte Halb- und Ganztagesbustouren; 15–20 £, Kinder 7,50–10 £.
Ticketkiosk Liberation Sq. | Tel. 70 67 06 | www.tantivybluecoach.com

Ziele in der Umgebung

◎ ST. AUBIN'S BAY   C 6

Abends mit einer weißen Lichterkette geschmückt, spannt sich die flache St. Aubin's Bay über rund 4 km von Elizabeth Castle bis St. Aubin's Fort. Ihr folgt eine breite Promenade mit Cafés – ein idealer Weg für Spaziergänger und Radfahrer. Wo heute der Little Train bimmelt, schnaubte bis 1936 der Zug in Richtung Corbière. Und wo die Ebbe ausgedehnte Sandflächen freigibt, landeten bis 1937 die Flugzeuge. Die modernen Sandbahnrennen begeistern ein Publikum, das auch die nahe Mansell Collection schätzt. Jahrtausende trennen die beiden kunsthistorischen Schätze der Bucht: die megalithische Anlage Ville-ès-Nouaux und die Glass Church im Stil des Art déco.
0,5–5 km westlich von St. Helier

SEHENSWERTES
Corbière Walk ▶ S. 128

Vor dem Hafenstädtchen St. Aubin (▶ S. 67) liegt eine kleine Insel mit Fort aus dem 16. Jh. Sie ist zu Fuß zu erreichen, wenn Ebbe herrscht und man die Gezeiten genau im Blick hat!

Glass Church – Coronation Park

Außergewöhnliche Glaskunst erwartet die Besucher in der unscheinbaren St. Matthew's Church. Als die 1840 errichtete Kirche renoviert wurde, beauftragte Lady Florence Trent, die Witwe des Gründers der Drogeriemarktkette Boot's, den französischen Glaskünstler René Lalique (1860–1945) mit der Innenausstattung. 1934 vollendete er das Dekor aus farblosem Glas: Lilien und Engel im Stil des Art déco.

Lady Trent schenkte dem Staat auch einen Teil des Parks ihrer Villa Millbrook, um zum Gedenken an ihren Mann eine grüne Oase für die Bevölkerung zu schaffen, den Coronation Park.

Millbrook, Route de St. Aubin | Kirche tgl. geöffnet, Gottesdienst So 11 Uhr | Eintritt frei | Park April–Sept. 8–19, Okt.–März 9–17 Uhr

The Mansell Collection

Im Obergeschoss eines grandios restaurierten Art-déco-Werkstattgebäudes öffnen sich die Türen zu einer einmaligen Schau: Rennwagen, Trophäen, Memorabilien der faszinierenden Karriere des Formel-1-Siegers von 1992. Nigel Mansell (geb. 1953) lebt heute in Jersey.

St. Aubin's Road | www.themansell collection.co.uk | Mo–Sa 9–18 Uhr | Erw. 10 £

St. Aubin

Der pittoreske Ort klettert vom Jachthafen aus grüne Hänge empor. Das Meer bescherte ihm Wohlstand: der geschützte Hafen, das königliche Gericht, in dem die Beute der Seeräuber verteilt wurde, seit dem 17. Jh. der Kabeljaufang in Neufundland und der Handel mit Stockfisch in Südamerika.

Das Zentrum von St. Aubin bildet die lebhafte Hafenpromenade mit ihren Pubs und Restaurants. Der Hafenbereich fällt bei Ebbe trocken. Dann kann man zu Fuß zu **St. Aubin's Fort** (16. Jh.) und **Belcroute Bay** spazieren (Vorsicht: unbedingt die Gezeiten beachten!).

Ville-ès-Nouaux

Im Park bei **St. Andrew's Church** liegen zwei bemerkenswerte neolithische Zeugnisse: ein Ganggrab, datiert auf 2850 v. Chr., sowie ein etwa 600 Jahre jüngeres Steinkistengrab, umgeben von einem Steinkreis. Da auch Spuren einer bronzezeitlichen Urnenbestattung um 800 v. Chr. vorliegen, rätseln die Archäologen, warum die frühen Insulaner diesen Platz für die Ruhe ihrer Toten wählten.
Route de St. Aubin, westl. First Tower | frei zugänglich

ÜBERNACHTEN

Cristina

Ausblick vom Berg – Gediegen komfortable Zimmer, solide Qualität der Küche (auch abends) und Garten mit Pool – ein gutes Paket für die Erholung, wenn man den Berg meistert.
Mont Felard, St. Aubin's Bay | Tel. 08 44/4 17 84 75 | www.dolanhotels.com | €€–€€€

Harbour View Guest House

Edel-B & B – Sympathische Pension mit angenehm moderner Note direkt am Hafen. Fabelhaftes Frühstücksbuffet, exzellenter Service. Nebenan Restaurant »Danny's« mit Garten.
St. Aubin, The Bulwarks | Tel. 74 15 85 | www.harbourviewjersey.com | 14 Zimmer, 2 Familiensuiten | €€

Panorama

Romantisch – Mehrfach ausgezeichnetes Guesthouse in der alten High Street; viele Zimmer mit Blick aufs Meer. Hübscher Garten.
St. Aubin, Rue du Crocquet | Tel. 74 24 29 | www.panoramajersey.com | 17 Zimmer | €€

Peterborough House

Nostalgisch charmant – Guesthouse im denkmalgeschützten Ortskern, eine Minute vom Hafen entfernt. Das Gebäude stammt von 1690. Ruhig und mit Sonnenterrasse; Kinder ab 10 Jahre.
St. Aubin, Rue du Croquet | Tel. 74 15 68 | www.jerseyisland.com/peterborough | März–Okt. | 14 Zimmer | ♿ | €

Yurt Holidays 👨‍👦🚩

Glamping – Eine glamouröse Variante des Campings ist der neueste Trend in Jersey. Gäste wohnen in mit Doppelbetten und Öfen ausgestatteten, edlen Jurten. Jeweils private Bäder.
Durrell Wildlife Camp | Trinity, Profonde Rue | Tel. 86 00 97 | www.durrell.org | bis zu 54 Gäste | ♿ | €€€
Jersey Yurt Holidays | St. Aubin, Mont Les Vaux | Tel. 74 13 50 | www.jerseyurts.squarespace.com | 3 Jurten | je nach Saison €–€€

ESSEN UND TRINKEN

Rund um den Hafen von St. Aubin hat man die Qual der Wahl unter einem halben Dutzend attraktiver Restaurants der mittleren Preisklasse und freundlich moderner Einrichtung. Hier lohnt es sich zu bummeln und zu schnuppern. An Sommerabenden sind die Freiplätze schnell besetzt, auch im urigen Pub »The Tenby«.

RESTAURANTS
Bracewell's

Verlässlich gut – In dem maritimen Lokal überrascht die innovative Speisekarte mit asiatisch-internationaler Note, ohne lokale Spezialitäten zu vergessen. St. Aubin, Rue du Croquet (High St.) | Tel. 74 70 14 | www.bracewells.je | Mo–Sa 11.30–14, 18–21.30 Uhr | €€

Mark Jordan at the Beach

Meerespanorama für Gourmets – Der kleine Bruder des mit einem Michelin-Stern gekrönten »Ocean« im Hotel Atlantic folgt dem gleichen Konzept von Gerichten höchster Qualität und makellosem Service. Der Chefkoch Mark Jordan lädt seine Gäste ein, in entspannter Atmosphäre mit Blick aufs Meer Außergewöhnliches zu tafeln. St. Peter, Route de Haule | Tel. 78 01 80 | www.markjordanatthebeach.com | tgl. 12–14.30, 18–21.30 Uhr, im Winter Mi–So | €€€

Old Court House Inn ▶ S. 29

CAFÉS
Old Station Café

Leckere Kuchen im Bahnhof – Zwischen St. Helier und St. Aubin liegt das legere Café mit großer Terrasse. Die Backwaren sind unwiderstehlich … Victoria Avenue, westl. First Tower | Tel. 72 21 15 | tgl. 9–18 Uhr | €

EINKAUFEN
The Harbour Gallery ▶ S. 37

Ocean Harvest ▶ S. 19

SERVICE
Little Train & Bike ▶ S. 66

◎ ST. BRELADE'S BAY UND DER SÜDWESTEN 📍 B 6

Wenn es einen Badeort auf Jersey gibt, dann ist es St. Brelade's Bay. Der breite Strand bietet viel Platz für Wassersport aller Art. Exotische Blumen und Palmen verleihen der Promenade mediterranes Flair und machen Laune, am Wasser entlang zu schlendern, zu baden oder sich kulinarisch verwöhnen zu lassen. Der Zauber der Steilfelsen beginnt bereits bei Noirmont Point weiter östlich. Von dort können Sie die Küste entlang bis zum Leuchtturm von Corbière auf dem »cliff path« durch die Natur streifen. Ginstergelb leuchten dort die Hänge im Frühjahr.

In St. Brelade's Bay rücken private Schicksale ins Bewusstsein, wenn man am Haus der avantgardistischen Künstlerinnen Lucy Schwob (alias Claude Cahun) und Suzanne Malherbe (alias Marcel Moore) vorbei zur Pfarrkirche geht. Sie waren ab Juli 1944 wegen Propaganda gegen das Dritte Reich inhaftiert. Vom Friedhof nach Osten blickend, erkennt man den Schatten von **La Cotte de St. Brelade** jenseits der Bucht im Fels. Unterhalb dieser bedeutenden Stätte der Altsteinzeit (▶ S. 114) sitzt man wunderbar am Strand von **Ouaisné Bay** (sprich: uejnej) – einen Steinwurf entfernt von netten Lokalen. 6–8 km westlich von St. Helier

SEHENSWERTES
Beau Port

Der kleinste Sandstrand des Südens liegt in einer stillen Bucht zwischen grünen Hängen und bizarr geformten Felsen. Hier kann man wunderschön schwimmen. Vom Parkplatz aus sind es fünf Gehminuten hinunter ans Wasser.

Vom Westende der St. Brelade's Bay knapp 1 km zu Fuß

Jersey Lavender

Seit 1983 baut die Familie Christie auf ihrer Farm (3,6 ha) 55 Lavendelsorten an. Im Mai und Juni leuchten die Felder im intensiven Blau der Pflanze, die im Juni dann die Destillierkessel füllt. Der Laden verführt mit zart duftenden Seifen, Lotionen oder Blütenkissen, während im Sprigs Café Torten mit Lavendelblüten neugierig machen.

St. Brelade, Rue du Pont Marquet | www.jerseylavender.co.uk | Ende März–Mitte Okt. Di–So 10–17 Uhr | Juni–Mitte Aug. Führungen 11.30, 14 Uhr | Eintritt Gärten 5 £

Noirmont Point

Das Kap ist ein Freilichtmuseum für schwere Waffen: gewaltige Bunker, ein Funkleitturm und Geschütze der deutschen Batterie Lothringen zwischen Ginster und Erika.

Mai–Sept. alle 2 Wochen Di 15–17, So 11–16.30 Uhr | Daten auf www.ciosjersey.org.uk | 2,50 £

Portelet Bay

Der goldgelbe Sandstrand ist über einen langen Treppenweg erreichbar, und zwar vom Parkplatz nahe dem Pub Old Portelet Inn. Bei Ebbe reizt es, zur felsigen Île au Guerdain hinüber zu laufen. Sie heißt auch Janvrin's Tomb, denn 1721 wurde dort ein Kapitän beigesetzt, dem man zu Zeiten der Pest die Landung auf Jersey verwehrt hatte. Der Wachturm datiert aus dem 19. Jh.

St. Brelade Parish Church – Fisherman's Chapel

Eine mächtige Eiche wirft ihren Schatten auf die kleine Pfarrkirche. Steine vom Strand sammelten die Bauleute im 11. und 12. Jh. für den trutzigen Bau, der im Innern auch gotische Elemente des 14. Jh. zeigt. Die herausragenden Glasfenster (ab 1899) stammen mehrheitlich von dem berühmten Glasmaler Henry T. Bosdet.

Neben der Kirche liegt die mittelalterliche Fisherman's Chapel. Die Malereien (14. Jh.) an Decke, Ost- und Westwand sind einzigartig für Jersey: die Verkündigung, das Jüngste Gericht und die Passion Christi.

ÜBERNACHTEN

Golden Sands

Den Strand vor der Tür – Zuvorkommender Service und moderne, geschmackvolle Zimmer – viele mit dem Panorama der Bucht – vermitteln schnell das ersehnte Urlaubsgefühl.

St. Brelade's Bay, Route de la Baie | Tel. 08 44/4 17 84 75 | www.dolanhotels.com | €€–€€€

L'Horizon Beach Hotel & Spa

Eleganz am Strand – Erlesen ausgestattete Räume in einer großzügigen Anlage am Meer. Luxuriöses Spa und Hallenbad; drei Restaurants.

St. Ouen's Bay am Abend

Keine andere Bucht legt Ihnen ein so grenzenloses Panorama zu Füßen wie St. Ouen's Bay – und nirgendwo sonst sind die Abendstimmungen und Sonnenuntergänge so spektakulär (▶ S. 12).

Direkt am Strand der weiten St. Brelade's Bay (▶ S. 69) können Anfänger wie Profis gleichermaßen wellenreiten – nicht der einzige Surf Spot auf den Kanalinseln (▶ S. 41).

St. Brelade's Bay | Tel. 74 31 01 | www.handpicked.co.uk/lhorizon | 106 Zimmer | €€€

ESSEN UND TRINKEN
RESTAURANTS
Crab Shack

Lässiges Strandlokal – Mit Meerblick Fisch genießen. Auch Frühstück!
St. Brelade's Bay | Tel. 74 46 11 | Küche tgl. 10–14.30 und 17.45–20/20.30 Uhr | €€

The Old Portelet Inn

Behaglich mit Fernblick – Ansprechend restauriertes Gasthaus von 1606 hoch über der Portelet Bay; viele Gartenplätze. Wenn es kühl wird, knistert das Feuer im Kamin. Typische Pub-Gerichte, abends häufig Livemusik.
Portelet Bay | Tel. 74 18 99 | tgl. 11–23 Uhr, Küche 12–14.30, 16.30–20.30, So 12–20 Uhr | €

Oyster Box

Der Name ist Programm – Alles frisch aus dem Meer und kreativ zubereitet. Die Terrasse liegt direkt am Strand.
St. Brelade's Bay | Tel. 85 08 88, 74 33 11 | tgl. außer So abends und Mo mittags 12–14.30, 18–21 Uhr | €€

CAFÉS

Wayside Cafe

Mehr Meer – Große sonnige Terrasse für kleine Gerichte und Erfrischungen.
St. Brelade's Bay, Le Mont Sohier | tgl. 9–21 Uhr | €

EINKAUFEN

Fish 'n' Beads

Der Strand liefert der Kunsthandwerkerin das nötige Material – und die Ideen für Dekoartikel und Schmuck.
St. Brelade's Bay, neben Wayside Cafe | Mo–So 10–17 Uhr

◎ **ST. OUEN'S BAY ★2 – DER WILDE WESTEN** ⚑ A 5

Weite Sandflächen säumen die für ihre Sonnenuntergänge berühmte Bucht, die von der Grand Route des Mielles begleitet wird (»mielle«, Jerriais für Düne). Die deutschen Besatzer sicherten die Bucht durch eine Panzersperrmauer, die Militärstrategen des 18. und 19. Jh. hatten Wehrtürme wie **La Rocco** und **Kempt Tower** (heute Jersey-Heritage-Unterkünfte, ▶ S. 24) errichtet.

Seit den 1920er-Jahren ist die St. Ouen's Bay ein Dorado für Surfer – neuerdings auch für Kitesurfer und für Anhänger des Strandsegelns (»blokarting«). Den markanten Endpunkt im Süden setzt **Corbière Lighthouse**. Klippen begeistern die Wanderer im Nordwesten, wo **Pinnacle Rock** über Jahrtausende Seefahrern den Weg wies.

Den Blick auf den einst bedeutendsten Gutssitz auf Jersey, **St. Ouen's Manor**, erhascht man zwischen Bäumen an der Route de St. Ouen (A 12). In der Nähe unterhält der »a'Maizin! Adventure Park« Familien mit Kindern. Natur

Der Leuchtturm am Corbière Point ist markanter Endpunkt der St. Ouen's Bay (▶ MERIAN Top-Ten, S. 72), die zu vielfältigen Outdoor-Aktivitäten wie Wandern oder Kitesurfen einlädt.

umgibt die Wanderer im **Arboretum** beim Reservoir Val de la Mar, während zur Blüte Hortensien die **Hydrangea Avenue** (Route du Marais) säumen.

9–12 km westlich von St. Helier

SEHENSWERTES

La Corbière Lighthouse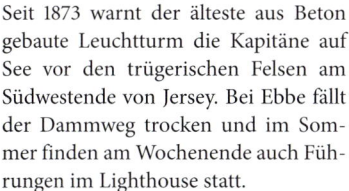

Seit 1873 warnt der älteste aus Beton gebaute Leuchtturm die Kapitäne auf See vor den trügerischen Felsen am Südwestende von Jersey. Bei Ebbe fällt der Dammweg trocken und im Sommer finden am Wochenende auch Führungen im Lighthouse statt.

Der klotzige Betonturm an der Klippe stammt aus deutscher Besatzungszeit. Lange als Radiosendestation genutzt, wird er nun als extravagante Unterkunft vermietet (▶ S. 24).

Schöner Fuß- und Radwanderweg von und nach St. Aubin (▶ S. 128).

Dolmen Les Mont Grantez

An einer Schafweide schützt ein Maueroval ein neolithisches Ganggrab (4000–3250 v. Chr.), das Skelette von sechs Personen sowie Knochen von Rindern und Pferden barg. Es hieß früher Lé Cuex ès Faît'tchieaux, der Ort der Feen.

Chemin des Monts | frei zugänglich

Grosnez Castle

Über der Steilküste im äußersten Nordwesten stand seit 1373 eine Fliehburg gegen Piraten. In den 1540ern war sie zur Ruine verfallen. Bei Sonnenuntergang wirkt sie besonders romantisch.

Nahe der Rennbahn | frei zugänglich

Orchideenwiese – St. Ouen's Pond

Auf einer Sumpfwiese nahe Kempt Tower (1834) blühen im Mai und Juni vier Orchideenarten zu Tausenden. Ein neues Informationszentrum am St. Ouen's Pond, einem durch die Dünen angestauten Süßwassersee, ermöglicht den versteckten Blick auf brütende Rohrweihen, Stockenten, Blesshühner und Teichrohrsänger. Noch bis 1978 wurden Teile der Dünen als Müllkippe genutzt.

Five Mile Road | frei zugänglich

MUSEEN UND GALERIEN

Channel Islands Military Museum

Privates Museum mit Erinnerungsstücken an die deutsche Besatzungszeit; untergebracht in einem Küstenbunker.

Five Mile Rd. | www.germanww2 militaria.co.uk | Ostern–Okt. tgl. 11–17 Uhr | Eintritt 4 £

ESSEN UND TRINKEN

RESTAURANTS

Big Vern's Diner

Auch für Frühaufsteher – Ein legeres Strandlokal für die willkommene Stärkung der Surfer und Beach-Fans. Interessante Fotogalerie und große Terrasse.

Five Mile Rd. | Tel. 48 17 05 | tgl. 9–21, im Winter So bis 18 Uhr | €

Le Braye

Strandfeeling – Familie Baker weckt Morgenmuffel mit mehr als nur Kaffee. Lecker: frischer Fisch zum Lunch.

Five Mile Rd. | Tel. 48 13 95 | So–Mo 9–18, Di–Sa 9–21 Uhr, im Winter kürzer | €

El Tico Beach Cantina

Gut besucht – Der Ausblick, große Portionen, modernes Ambiente und ein freundlicher Service haben die Sympathien der Einheimischen gewonnen.

Five Mile Rd. | Tel. 48 20 09 | Mo–Sa 9–20.30 Uhr, So bis 19 Uhr | €

EINKAUFEN

Faulkner Fisheries

In einem Bunker am nördlichen Ende der St. Ouen's Bay finden Sie dieses Geschäft für Fisch und Meeresfrüchte fangfrisch von den Kuttern. Auch Sandwiches, frisch gekochtes Krebs- oder Hummerfleisch und Austern. Sitzbänke im Freien.

L'Etacq | Tel. 48 35 00 | Mo–Sa 10–16 Uhr

Jersey Pearl

Mega-Schmuckladen mit Ausstellung rund um die schimmernden Muschelprodukte. Nettes Café.

Five Mile Rd. | tgl. 9.30–17 Uhr

Ocean Harvest

Sie wünschen sich das Geheimrezept für samtweiche Haut? Ein Ire gründete 2012 in Jersey ein kleines Unternehmen zur Herstellung von Kompost, Pflanzennahrung und Zusätzen für das Entspannungsbad aus Seetang. Die »Seabags«, Teebeuteln ähnliche Säckchen, wirken Wunder …

Tel. 0 77 97/71 53 40 | www.ocean harvest.je | Verkauf Fr vormittags im Lucas Bros Vegetable Shop, St. Aubin's Bay, Haule Hill | Laneez Surf Shop, St. Ouen's Bay | auf Märkten mit Genuine-Jersey-Produkten, z. B. in St. Aubin oder St. Helier

---

La Rocque Harbour im Wechsel der Gezeiten

Die Pier von La Rocque Harbour ist ein wunderschönes, ruhiges Fleckchen, um mit Muße den Wechsel der Natur zu beobachten (▶ S. 13).

◎ DER SÜDOSTEN D 6–F 5

Von St. Helier bis Gorey erstreckt sich Europas größtes Felsenwatt, ein Rest der eiszeitlichen Landbrücke in die Bucht von Mont St-Michel. Jenseits der weiten Sandstrände erstrecken sich hinter dem Häusergürtel Felder und Wiesen. **Grouville Marsh** südlich von Gorey ist noch feuchtes Weideland, wo Schwäne und Watvögel gemeinsam mit Kühen nach Nahrung suchen. Im Südosten konzentriert liegen drei kulturelle Highlights: der Park von Samarès Manor, die Burg von Gorey sowie die neolithische Kultstätte Hougue Bie.

1,5–6 km östlich von St. Helier

SEHENSWERTES

Gorey Harbour & Village

Der Blick über den Hafen auf Mont Orgueil Castle ist das beliebteste Fotomotiv der Jersey-Werbung. In den Häuschen am Hafen findet man Pubs, kleine Hotels und Souvenirgeschäfte. Gebäude und Pier stammen aus der Zeit um 1820, als Gorey durch die Austernfischerei seine Blütezeit erlebte. Die Eröffnung der Bahnlinie 1873 von St. Helier her förderte den Tourismus. Der Zug benötigte 14 Min. – für Pendler heute ein Traum. Lange auch bedeutend im Schiffbau, lebt der Ort inzwischen vom Fremdenverkehr.

Der Dolmen **La Pouquelaye de Faldouet**, datiert auf 4000 v. Chr., liegt nur 20 Gehminuten landeinwärts von Gorey (Sträßchen neben Restaurant Crab Shack steil bergauf; frei zugänglich).

La Hougue Bie

Der 14 m hohe Kulthügel ist das älteste Bauwerk der Kanalinseln (▶ S. 114). Er wurde während der Jungsteinzeit um

4000 v. Chr. aufgeschüttet. Im Innern entdeckte man im Jahr 1924 ein 22 m langes Ganggrab. Es wird von 60 hohen Steinplatten eingefasst, die wiederum 16 Decksteine mit bis zu 20 t Gewicht tragen. In der Kammer am Ende des Gangs fand man Skelettreste von sechs Personen; dennoch dürfte es sich bei der Anlage primär um eine Kultstätte gehandelt haben.

Auf dem Hügel steht eine Doppelkapelle. Notre Dame de la Clarté im Westen wurde im frühen 12. Jh. erbaut, die Jerusalem-Kapelle im Osten um 1520. Sie birgt zwei schwach zu erkennende Deckenfresken, die Erzengel darstellen (Lichtschalter rechts in der Kapelle).

Im Zweiten Weltkrieg legten die Deutschen auf dem Gelände einen Bunker an, heute eine Gedenkstätte für die Zwangsarbeiter. Ein Museum erklärt anschaulich die Geologie der Insel sowie die Kulturen bis zur Römerzeit.

Grouville, nahe der Kreuzung B46/B28 | Ostern–Anfang Nov. tgl. 10–17 Uhr, Einlass bis 16 Uhr | Eintritt 7,90 £

Mont Orgueil (Gorey) Castle

Die Burg, Anfang des 13. Jh. erbaut, war bis 1600 Sitz des Gouverneurs. Aus der Zeit um 1340 liegt ein Dokument vor, das als Besatzung 136 Armbrustschützen und 117 Bogenschützen aufführt. An Türmen und Toren sind noch Öffnungen sichtbar, durch die zur Verteidigung Pech, heißes Öl, Steine und Kot auf Feinde geschüttet wurden. Insgesamt 300 Stufen führen auf das Dach des Bergfrieds, von dem aus man einen beeindruckenden Rundblick genießt. Zu den Schätzen der Burg gehört das Hologramm mit dem Bild Königin Elizabeths II., gefertigt im Jahr 2004.

Gorey | Ende März/April–Anfang Nov. tgl. 10–18 Uhr, Einlass bis 17 Uhr | Eintritt 11,50 £

Samarès Manor

Der üppige Garten ist eine Pracht, einmalig der Kräutergarten, nicht weniger sehenswert ein Japanischer Garten, sowie der Taubenturm aus dem 11. Jh. Das viktorianische Herrenhaus rundet das Bild der alten Seigneurie ab. Café-Restaurant mit Terrasse am »Herb Garden«. Netter Laden und Pflanzenverkauf, auch Samen.

Grande Route de St. Clement | April–Okt. tgl. 9.30–17 Uhr | Führungen: Kräuter Mo–Fr 12 Uhr, Museum tgl. 12 und 15.30 Uhr, Haus Mo–Sa 11 und 14.30 Uhr | Eintritt Park 7,50 £, Haus 3,85 £

Wattwanderung zum Seymour Tower

1,5 km vor La Rocque Harbour erhebt sich Seymour Tower, 1782 als Wachturm nach der »Battle of Jersey« (▶ S. 140) errichtet. Er ist das Ziel hochinteressanter Wanderungen durch Europas größtes Felsenwatt und die Austernkulturen. Da die Flut gefährlich schnell aufläuft, sollten Touren nur mit Führern unternommen werden.

Jersey Walk Adventures | Tel. 0 77 97/85 30 33 | www.jerseywalkadventures.co. uk | Führungen (u. a. nachts) 3 Std. ab 14,50 £; Übernachtung im Seymour Tower möglich; Biolumineszenztouren ▶ S. 55

ÜBERNACHTEN

Ben Mor ▶ S. 24

Longueville Manor

Im Stil des Landadels – Einige Gebäude dieses zum Luxushotel umgewandelten Herrenhauses stammen aus dem 13. Jh. Die individuelle Einrichtung der Zimmer reicht von Antiquitäten bis zu geschmackvoll modernem Design.

Longueville Rd. | Tel. 72 55 01 | www.longuevillemanor.com | 26 Zimmer, 4 Suiten | €€€€

The Old Court House

Charmant englisch – Moderne Anlage zehn Gehminuten vom Hafen entfernt, fünf Minuten zum Golfplatz. Pool, Sauna und Solarium.

Gorey Village, Rue a Don | Tel. 85 44 44 | www.ochhoteljersey.com | April–Okt. | 58 Zimmer | ♿ | €€€

Samarès Manor

Ländlich ruhig – Schmucke Wohnungen in alten Farmgebäuden neben dem berühmten Park.

Grande Route de St. Clement | Tel. 87 05 51 | www.samaresmanor.com | Ende März–Okt. | 6 Wohnungen für 3–6 Pers. | €€€

Jersey Ice Cream, aber soft

Ideale Belohnung beim Radfahren oder Wandern, hergestellt aus bester Milch der »Jersey cows«. Viele schöne Cafés führen dieses köstliche Dessert (▶ S. 14).

ESSEN UND TRINKEN
RESTAURANTS

Bass and Lobster

Innovatives Gastropub – Der Name ist Programm, aber die Küche versteht sich nicht nur auf Meeresgetier. Moderne Gestaltung, trotzdem gemütlich.

Gorey Coast Road | Tel. 85 95 80 | www.bassandlobster.com | So abends und Mo geschl. | €–€€

Crab Shack Gorey

Burg und Hafen im Blick – Fisch, Krebse, Hummer klassisch oder kreativ zubereitet. Schöne Terrasse.

Route de la Cote (oberhalb Gorey Harbour) | Tel. 85 08 30 | tgl. ab 10 Uhr, Küche Mo–Sa bis 20.30/21 Uhr, So bis 15 Uhr, Getränke bis 23 Uhr | €€

Entwhistles

Jerseys bester Fish-&-Chips-Shop – Seit über 30 Jahren »der« Take-away für gebackenen Fisch, Pommes und natürlich »mushy peas«, pürierte Erbsen.

Gorey Village, Main Road | Tel. 85 46 03 | Mo–Fr 11.30–13.30, 17–22, Sa bis 21 Uhr | €

Green Island Restaurant

Edelste Beachbar der Inseln – Der Reiz: legere Atmosphäre, sonnige Terrasse, mediterran inspirierte Küche.

St. Clement, Green Island | Tel. 85 77 87 | Di–Sa 12–14.30, 19–21.30 Uhr, Winter teils nur abends | €€

Seymour Inn

Pub für Herzhaftes – Wer frische Austern schätzt, hier gibt es sie zu reellem Preis – und eine immer solide Marktküche. Wechselnde Tageskarte. Nette Captain's Bar und Plätze im Freien.

Rue du Puits Mahot, Ecke Grande Route des Sablons | Tel. 85 45 58 | Pub 11–23 Uhr, Küche 12–14.15, 18–21, So 12–20 Uhr | €–€€

Sumas

Ambitioniert – Der Hafenblick von der Terrasse ist hinreißend, die Quali-

Die 3500 Jahre alte Grabkammer im Innern des Hügels von La Hougue Bie (▶ S. 74) wurde erst im Jahr 1924 entdeckt und kann heute besichtigt werden.

tät der Speisen viel gelobt. Mittags-menüs bieten das beste Preis-Leis-tungs-Verhältnis.

Gorey, Gorey Hill | Tel. 85 32 91 | tgl. 12–14.30, 18–22 Uhr, Sa, So auch Frühstück 9.30–11 Uhr | €€€

CAFÉS

Angefangen von Greve d'Azette über Green Island und La Rocque bis Gorey gibt es an den Stränden Kioske, die ab 10 oder 11 bis 17 Uhr Getränke, Burger und Sandwiches servieren.

EINKAUFEN

Jane James – Coastal

Die bekannte Keramikerin verkauft hier neben ihren hübschen, getöpferten Fischen Werke anderer lokaler und in-ternationaler Kunsthandwerker. Ferner leckere »Genuine-Jersey«-Produkte.

Mont de Gouray, Gorey Harbour | Tel. 63 08 49 | www.jane-james.co.uk | Mo–So 10–17 Uhr

Old Sail Loft ▶ S. 37

◎ DER NORDOSTEN   ⚐ D/E 4

Die Küstenlandschaft steil und felsig, das Hinterland durchfurcht von klei-nen Bächen, sodass es bei Fahrradtou-ren immer auf und ab geht – die Reize des Nordostens sind seine Natur und recht unterschiedliche Attraktionen: der Zoo, genauer Durrell Wildlife Con-servation Trust, eine Orchideenzucht, der winzige Fischerhafen Rozel sowie St. Catherine's Breakwater. Bei schö-nem Wetter locken die Strände der St. Catherine's Bay, z. B. am rot-weißen **Archirondel Tower** (18. Jh.).

4,5–8 km nordöstlich von St. Helier

SEHENSWERTES

Durrell Wildlife Conservation Trust (Jersey Zoo) ⭐

Der in Indien geborene Gerald Durrell (1925–1995) gründete 1958 den mustergültigen Tierpark, fünf Jahre später eine Stiftung zum Schutz vom Aussterben bedrohter Tierarten. Überwiegend solche werden in der Parklandschaft des früheren Gutes Augrés Manor gehalten und weitergezüchtet. Lieblinge sind Gorillas, Orang-Utans, Erdmännchen und Flughunde. In Zusammenarbeit mit Durrell konnten an Jerseys Nordküste 2013 Alpenkrähen (choughs) ausgewildert werden.

Profonde Rue, Trinity | www.durrell.org | im Sommer tgl. 9.30–18 Uhr, im Winter bis 17 Uhr | Eintritt 13,50 £ | frei zugänglich sind Café »Firefly« und der Laden

---

Wollen Sie's wagen?

Seetang roh probieren – durchaus. Auf Wanderungen zum Thema »Wild Vegetables of the Ocean« können Sie kosten, was 60 % der Küchenchefs schätzen: grüne, rote, braune Algen, wie sie u. a. für Sushi verwendet werden. Vertrauen Sie den Guides!

Jersey Walk Adventures | Tel. 0 77 97/ 85 30 33 | www.jerseywalk adventures.co.uk
Wild Adventures Jersey | Tel. 0 77 97/ 88 62 42 | www.wildadventures jersey.com

---

Eric Young Orchid Foundation

Schwelgen Sie in der Pracht von Orchideenblüten in einem Glashaus mit Urwaldatmosphäre.

Victoria Village | www.ericyoungorchid foundation.co.uk | Feb.–Mitte Dez. Mi–Sa 10–16 Uhr | Eintritt 4 £

Rozel

Das historisch gewachsene Dorf zählt zu den schönsten der Insel. Rund um die Sandsichel begeistert das Bild des engen Hafens mit seinen Fischerbooten und schmucken Häusern.

Von Rozel erreicht man in 25 Gehminuten die lauschige **Saie Bay** und den Dolmen **Le Couperon** (2850 v. Chr.).

St. Catherine's Breakwater

Als Reaktion auf den Bau von Le Havre begann man in Jersey 1847 mit dem Bau eines Fluchthafens für britische Kriegsschiffe. Die Arbeiten wurden 1878 eingestellt, denn die Schiffe waren zu groß geworden und Frankreich ein friedlicher Nachbar. Die 800 m lange Mole ist heute ein schöner Spaziergang.

Verclut Point

ÜBERNACHTEN

Château La Chaire

Luxus mit Antiquitäten – Ruhig im grünen Tal gelegenes Hotel, erbaut im 19. Jh. für Samuel Curtis, Kurator der berühmten Kew Gardens. Elegant möblierte Zimmer, exzellentes Restaurant.

Rozel | Tel. 86 33 54 | www.chateau-la-chaire.co.uk | 14 Zimmer | €€€€

Yurt Holidays ▶ S. 17

ESSEN UND TRINKEN

RESTAURANTS

Navigator

Klein und fein – Der Steuermann in der Küche setzt auf Produkte des Meeres, kreativ zubereitet.

Rozel Harbour | Tel. 86 58 00 | www.
navigatorjersey.com | tgl. 10.30–14.30,
18–23 Uhr, Sept.–April Mi geschl. | Reser-
vierung empfohlen | €€€

CAFÉS

Wer sich auf einer Tour im Nordosten
eine kleine Stärkung wünscht, findet
im **Driftwood Café** (Archirondel), im
St. Catherine's Café am Breakwater, im
Rozel Bay Tea Room sowie im **Village
Tea Room** im Zentrum von St. Martin
reichhaltige Auswahl.

The Hungry Man

Lustige Sandwichbude – Mit belegten
Broten, warmen Imbissgerichten und
Kuchen gehört »Der hungrige Mann«
zu den beliebtesten »beach cafes«.
Rozel Harbour | tgl. 9.30–17.30, im Winter
10–14 Uhr | €

◎ DIE GRÜNE MITTE ⚑ D 5

Im Herzen der Insel wird noch intensiv
Landwirtschaft betrieben. Es lohnt sich,
über die Country Roads und Green Lanes zu wandern oder zu radeln. Starten
Sie von St. Helier aus ins Water Works
Valley und besuchen Sie das stimmungsvolle **Hamptonne Country Life
Museum**. Es zeigt, wie früher auf dem
Land gearbeitet wurde (nur im Sommer geöffnet; www.jerseyheritagetrust.
com). Fünf düstere Jahre der deutschen
Besatzungszeit im Zweiten Weltkrieg
dokumentieren die War Tunnels.
Weithin sichtbar ist der Turm der
Pfarrkirche von St. Peter's Village, mit
36 m der höchste der Insel. Den historischen Kern der Kirche bildet die im
11. Jh. gegründete Kapelle mit über ein
Meter dicken Granitmauern.
2–4 km nördlich von St. Helier

Das entzückende Le Rat Cottage im landschaftlich schönen St. Lawrence, das sich von der Insel-
mitte bis an die St. Aubin's Bay (▶ S. 66) erstreckt, ist im Besitz des National Trust for Jersey.

SEHENSWERTES

Jersey War Tunnels ⭐

Das von den Deutschen als Munitions-lager angelegte Tunnelsystem ist Jerseys meistbesuchte Sehenswürdigkeit. In den Gängen informiert die hervorragende Dokumentation »Captive Island« über die Besatzungszeit.

Beim Bau der Anlage 1941–1944 kam ein Teil der rund 6000 auf die Insel verschleppten Zwangsarbeiter unter unmenschlichen Bedingungen zum Einsatz. 43 900 t Schiefer wurden bewegt, 6000 kbm Beton verbaut. Nach 1944 sollten die zum Lazarett umgebauten Räume 500 Verwundete aufnehmen können. Krankenzimmer, Apotheke und Operationssaal sind eingerichtet wie früher. Andere Stollen zeigen Waffen, Fotos und Video-Dokumente.

Les Charrières Malorey, St. Lawrence | Cafeteria mit Terrasse | www.jerseywar tunnels.com | März–Nov. tgl. 10–18 Uhr, Einlass bis 16.30 Uhr | Eintritt 11,20 £

Le Moulin de Quétivel

In der funktionstüchtigen Wassermühle aus dem 17. Jh. informiert eine Ausstellung mit Video über die Geschichte und Arbeit der Müller. Schattige Wege führen durch das Mühlental St. Peter's Valley, u. a. zu Tesson Mill.

St. Peter's Valley | www.nationaltrust.je | beide Mühlen Mai–Sept. Sa 10–16 Uhr | Eintritt 2 £

MUSEEN UND GALERIEN

Pallot Steam, Motor & General Museum

Die Privatsammlung zeigt ausgediente Dampfloks, landwirtschaftliche Geräte und Orgeln! Dampflokfahrten im Sommer dienstags und donnerstags.

Rue de Bechet, Trinity | www.pallot museum.co.uk | April–Okt. Mo–Sa 10–17 Uhr | Eintritt 6 £

ÜBERNACHTEN

Greenhills Country Hotel & Restaurant

Ländliche Idylle – Kleines Luxushotel mit romantischem Blumenhof zwischen alten Granitgebäuden; Swimmingpool. Raffinierte Küche mit Zutaten frisch vom Markt.

St. Peter's Valley | Tel. 48 10 42 | www. greenhillshotel.com | Feb.–Mitte Dez. | 31 Zimmer | ♿ | €€€

Villa d'Oro

Einfach zum Wohlfühlen – Ein persönlich geführtes Guesthouse mit Stil, Garten und Pool.

Grande Route de St. Lawrence | Tel. 86 22 62 | www.villadorojersey.com | 11 Zimmer | €

ESSEN UND TRINKEN

St. Laurent 🚩

Freundliches Ambiente – Die neuen Besitzerinnen haben das Pub gründlich entstaubt und eine attraktive Speisekarte aufgelegt. Den Sonntagsbraten genießt man hier ebenso gerne wie einen Imbiss.

Grande Route de St. Lawrence | Tel. 86 25 90 | tgl. 10–23 Uhr | €

KULTUR UND UNTERHALTUNG

Domaine des Vaux

Das schöne Gehöft wird zum Opernfestival Mitte Juli von Stimmen des Diva-Opera-Ensemble erfüllt. Gartenführungen mit Jersey Special Tours.

Rue de Bas, St. Lawrence | Tel. 86 31 29 | www.divaopera.com

◎ KÜSTE DES NORDENS   🏖 B 4

Atemberaubende Steilküsten mit oft nur bei Ebbe zugänglichen Höhlen und einem Klippenpfad gehören ebenso zu den Attraktionen des Nordens wie ein Weingut. Man wandert zwischen den Buchten, wo gute Busverbindungen die Urlaubsorganisation sehr vereinfachen. **Bonne Nuit Bay** mit seinen bunten Booten und dem kleinen Café (Thai-Küche) ist einer der schönsten Fischerhäfen in Jersey. König Charles II. soll hier während des Bürgerkriegs mit den Worten »Bonne nuit, belle Jersey« das Schiff bestiegen haben, das ihn ins Exil nach Frankreich brachte.

Die bei Tauchern geschätzte **Bouley Bay** ist idealer Start von Küstenwanderungen. An der von einer Steilküste umrahmten **Plémont Bay** versinkt der zauberhafte Strand bei Flut in den Wellen.
8–14 km nördlich von St. Helier

SEHENSWERTES

Devil's Hole

Das »Teufelsloch« ist ein 30 m tiefer Felstrichter, der Rest einer eingebrochenen Höhle, den ein Tunnel zur See hin verbindet. Der Name stammt von der Galionsfigur eines 1851 gestrandeten Schiffs, aus der Jean Giffard eine Teufelsfigur schnitzte. Die Figur im Teich am Weg ist eine überdimensionierte Kopie. Grandioses Panorama.
St. Mary | 15 Gehminuten ab Pub Priory Inn (Grande Rue)

Grève de Lecq & Barracks

Ein goldfarbener Sandstrand lädt bei Ebbe zum Sonnen und Baden in die Bucht, deren Lokale vom Romany's bis zur Pubküche im Prince of Wales viele Geschmäcker treffen. Die früheren Kasernen (die »barracks«, 19. Jh.) zeigen eine naturkundliche Ausstellung.
Grève de Lecq | Barracks Mai–Sept. Mi–Sa 10–17, So 13–17 Uhr | Eintritt frei

ÜBERNACHTEN

Undercliff Guest House

Ruhige Lage – Freundliche Pension mit Blick aufs Meer oder den Garten.
Bouley Bay | Tel. 86 30 58 | www.undercliffjersey.com | 12 Zimmer, 2 Apartments für Selbstversorger | €

ESSEN UND TRINKEN

RESTAURANTS

Le Moulin de Lecq 👪

Romantische Mühle – Ihr Wasserrad dreht sich seit 600 Jahren, der Betrieb allerdings wurde im Jahr 1929 eingestellt. Stimmungsvolle Räume und Garten. Ausflugslokal vieler Familien.
Grève de Lecq | Tel. 48 28 18 | Pub 11–23 Uhr, Küche tgl. 12–14, 18–21 Uhr | €

CAFÉS

In keiner Bucht bleiben Sie hungrig. Der Strandkiosk von »Mad Mary« in Bouley Bay versorgt Sie ebenso wie das hübsche Café in Plémont.

EINKAUFEN

Catherine Best

Die Schmuckdesignerin präsentiert ihre Werke in einer alten Windmühle.
Les Grenolles, | www.catherinebest.com | Mo–Sa 9–17.30, So 9–17 Uhr

Glyn Burton Glass Worker

Unikate aus Glas in der Werkstatt eines passionierten Künstlers.
Devil's Hole, The Old Priory Studio | www.glynburton.co.uk | Do–Sa, Juli, Aug. Mo–Sa 10.30–17 Uhr

Im Fokus
Kronjuwelen in deutscher Besatzerhand

Panzersperrmauern und Bunker zu Dutzenden an allen Küsten – die Begegnung mit den monströsen Demonstrationen deutscher Besatzungsmacht rückt ein Kapitel Weltkriegsgeschichte ins Bewusstsein, das in vielen Geschichtsbüchern fehlt.

Sorgenvoll beobachtet die Bevölkerung der Kanalinseln im Mai und Juni 1940 die Entwicklung des Zweiten Weltkriegs, vor allem das Vordringen der deutschen Truppen in der Normandie und Bretagne. Am 17. Juni helfen u. a. Fischerboote und Jachten aus St. Helier bei der Evakuierung britischer Truppen aus St-Malo. Zum Schrecken der Bevölkerung kommt am 19. Juni die Order aus London zur sofortigen Entmilitarisierung der Inseln. Alle Truppen werden abgezogen und mit ihnen der jeweilige Vizegouverneur. Als Vertreter der Krone bleiben nur die Amtmänner (Bailiffs) zurück – die Zukunft: ungewiss. Aus britischer Sicht sind die Inseln strategisch unbedeutend sowie schwer zu verteidigen. Hitler hingegen hat es auf sie abgesehen, die Kronjuwelen der Briten. Sie sollen die Basis für die »Operation Seelöwe«, die Invasion in Großbritannien, werden.
Panisch ergreifen Tausende die Möglichkeit der Evakuierung nach England – fast die gesamte Bevölkerung Alderneys und rund 17 000 Guernseyaner besteigen die bereitgestellten Schiffe. Nach einer bedeutenden

◀ Deutsche Posten bewachen 1940 das Corbière Lighthouse (▶ MERIAN TopTen, S. 73).

und fesselnden Rede des Amtmanns Alexander Coutanche schrumpft
dagegen die Zahl in Jersey auf 6600, obwohl sich ursprünglich 23 000 hatten registrieren lassen. Nur wenige verlassen Sark. Dessen Bewohner vertrauen auf den Schutz durch Dame Sibyl Hathaway.

DIE INVASION

In Unkenntnis über die Entmilitarisierung der Inseln werfen deutsche
Flugzeuge am 28. Juni 1940 Bomben auf die Häfen von St. Peter Port, St.
Helier und La Rocque. Hinter Lastwagen, beladen mit hölzernen Tonnen
voller Kartoffeln und Tomatenkisten, vermutet die deutsche Luftwaffe
getarnte Munitionsfahrzeuge. Erst am 30. Juni erhält das Führerhaupt-
quartier in Berlin – mittels einer Depesche der amerikanischen Botschaft
in London – Nachricht vom Status der Inseln. Umgehend landen deutsche Flugzeuge auf Guernsey (30. Juni) und Jersey (1. Juli), Rathäuser,
Hotels, Schulen sowie Anwesen von Familien, die die Inseln verlassen
hatten, werden besetzt. Die Uhren zeigen nun Berliner Zeit, auf den Straßen fahren die Autos rechts, Schilder in deutscher Sprache prangen an
Geschäften und öffentlichen Einrichtungen. Im Oktober müssen sich alle
jüdischen Personen registrieren lassen, Anfang 1941 werden nach der
Brandschatzung des Freimaurertempels in Jersey die Heilsarmee sowie
Pfadfinder-Verbände verboten.

DIE UNEINNEHMBARE FESTUNG

Mit Hitlers Befehl vom 20. Oktober 1941, die Kanalinseln zu einer unein-
nehmbaren Festung innerhalb des Atlantikwalls auszubauen, setzt eine
straff organisierte Bautätigkeit ein. Im November kommt Generalinspek-
tor Fritz Todt persönlich auf die Inseln, um die Ankunft der ersten
Zwangsarbeiter zu überwachen, 6000 sind es letztlich. Die Art der Unter-
bringung in Lagern und die unmenschlichen Arbeitsbedingungen wecken in der Bevölkerung Hass gegen die Unterdrücker. Die Widerstands-
gruppe GUNS, Guernsey Underground News Service, beginnt mit
Flugblättern zu informieren, während mit Jahresbeginn 1942 Hans Max
von Aufseß als ziviler Leiter der Feldkommandantur versucht, die
schlimmsten Restriktionen von den Inseln abzuwenden. Zu dieser Zeit
leben 60 000 Einheimische und bis zu 35 000 deutsche Soldaten zusam-
mengepfercht auf den Inseln. Im Juni 1942 muss die Zivilbevölkerung alle

Funkempfänger abgeben, doch für etliche finden sich Verstecke in Sofas, Kaminen und Dachböden. Die Besitzer gehen damit das Risiko drakonischer Strafen ein. Ausgangssperren werden verhängt, die Küsten gegen mögliche Angriffe vermint. Deutsche Soldaten begleiten die Fischer auf See, die sich daraufhin regelmäßig zu Ausfahrten in schwerem Wetter entscheiden, um ihren Aufpassern eine Lektion zu erteilen.

DEPORTATIONEN

Als Vergeltung für die Internierung von Deutschen durch britische und russische Besatzungstruppen im Iran befiehlt Hitler im September 1942 die Deportation aller britischen Staatsangehörigen in Internierungslager in Süddeutschland. Unter den mehr als 2000 Personen befindet sich auch Bob Hathaway, der Ehemann der Dame of Sark. Bis März 1943 werden ferner Juden, Freimaurer, ehemalige Militärangehörige, hochrangige Mitglieder der Kirche sowie deren Familien deportiert.

In Alderney verschärft sich die Lage, als die SS im März das Konzentrationslager Sylt, das einzige der Inseln, übernimmt. Die beim Bau der Bunker eingesetzten Zwangsarbeiter fristeten auf Alderney in den Arbeitslagern Borkum, Norderney und Helgoland ein erbärmliches Dasein. Das gleiche Schicksal erleiden die als Untermenschen verachteten Zwangsarbeiter aus Russland, der Ukraine, Polen, Nordafrika und Spanien auf Jersey und Guernsey. Unter lebensgefährlichen Bedingungen müssen sie die Stollen für die »Hohlganganlagen« aus dem Fels sprengen (heute u. a. Jersey War Tunnels, damals H08 und Underground Hospital Guernsey).

Die Deutschen benennen die drei größeren Inseln in Abel, Gustav und Jakob um, und die Spannungen wachsen beständig weiter. Die Verminung der Strände und Klippen reduziert die Möglichkeiten für die Bevölkerung, Brennmaterial und Nahrung zu sammeln. Lebensmittelrationen werden gekürzt, weil im weiteren Umfeld die britische Marine und Luftwaffe operieren. Strafen für kleine Vergehen nehmen abstruse Dimensionen an. Wiederholt versuchen junge Männer in Fischerkähnen in die Normandie zu fliehen. Viele kommen zu Tode oder erleiden Schiffbruch und werden verhaftet. »Jerribags« nennt man voller Hohn und Misstrauen die jungen Frauen, die sich mit Deutschen (jerris) einlassen.

D-DAY NICHT FÜR DIE INSELN

Die Bombardierungen auf dem Festland geben den Insulanern Hoffnung. Doch die Flugzeuge der Alliierten bleiben am 4. Juni 1944 nur kleine Punkte in der Ferne. Welcher Druck sich nach der Invasion der Alliierten in der Normandie aufbauen würde, kann auf den Kanalinseln zu dieser Zeit keiner ahnen. In der irrigen Erwartung eines Angriffs, erteilt Hitler den Befehl, die Inseln bis auf den letzten Mann zu verteidigen.

Noch im Juni fallen die deutschen Versorgungshäfen Cherbourg, Granville und St-Malo. Im Juli richten die Bailiffs Carey und Coutanche einen Appell an die Deutschen, über die Schutzmacht Lebensmittel-Hilfslieferungen zu erwirken.

Über die Schweizer Behörden und das Rote Kreuz von der Notlage informiert, lehnt Churchill dennoch Hilfe ab. Hunger soll die Deutschen in die Knie zwingen. Diese beginnen im Herbst, die wenigen noch übrigen Vorräte der Einheimischen zu plündern. Im November bricht die Energieversorgung zusammen. Nachts werden Zwangsarbeiter zeitweilig freigelassen, um sich in Gärten oder auf Feldern der Einheimischen Nahrung zu suchen. Angesichts bitterster Not stimmt der Kriegsrat in London am 7. November 1944 Lieferungen des Roten Kreuzes zu.

Erst kurz nach Weihnachten trifft das Schiff »SS Vega« des Roten Kreuzes in Guernsey und Jersey ein. Lange Schlangen ausgemergelter Menschen warteten sehnsüchtig an den Kais auf ihr Care-Paket (aus Kanada oder Neuseeland): pro Kopf ein kostbarer Karton mit Mehl, Zucker, Milchpulver, Schokolade, Seife und in den kanadischen Paketen mitunter sogar einem Päckchen Zigaretten. Die »SS Vega« hat 119 792 Care-Pakete an Bord (insgesamt sollten es 456 264 werden).

HOFFNUNG FLAMMT AUF

Weitere Lieferungen der »SS Vega« im Februar und März 1945 geben der Bevölkerung Hoffnung – in gleichem Maße greift die Desillusionierung der deutschen Truppen um sich. Seit Januar 1945 ist der Hardliner Vizeadmiral Friedrich Hüffmeier militärischer Befehlshaber auf den Inseln – und bereit, rücksichtslos Hitlers Ideen bis zum letzten Atemzug zu verteidigen. In einer glühenden Rede zu Hitlers Geburtstag am 20. April 1945 ruft er die Truppen zur Kampfbereitschaft auf. Er plante sogar noch nach Hitlers Selbstmord am 30. April weitere Angriffe auf französische Häfen.

Erst am 9. Mai – einen Tag nach Kriegsende auf dem Festland – ergibt sich Hüffmeier, als britische Truppen im Hafen von St. Helier landen, begrüßt von einer wogenden Menge. Für das geschundene Alderney endet die grausame Zeit der Besatzung erst am 16. Mai.

Nach den vielen Jahren des Leids während der Besatzungszeit ist es eine bemerkenswerte Geste der Versöhnung, dass St. Helier und das schwäbische Bad Wurzach im Jahr 2002 eine Städtepartnerschaft schließen.

GUERNSEY

St. Peter Port empfängt Sie mit Lebendigkeit und freundlichen Fassa-
den, Hafenflair, attraktiven Geschäften und bester Gastronomie. Im
»Hinterland« umrahmt eine blühende Natur gemütlich wirkende
Steinhäuser und setzt an imposanten Küsten liebliche Akzente.

Guernsey und seine 65 000 Einwohner bilden zusammen mit Herm, Sark und Alderney das zweite selbstständige Bailiwick der Kanalinseln. Finanzwirtschaft und Tourismus begründeten seinen Wohlstand. Die Bewohner profitieren zudem von einem niedrigen Einkommensteuersatz von 20 % – ebenso wie ihre Nachbarn in Jersey. Und dabei ist Guernseys Staatshaushalt kerngesund.

ÜBERDACHTE BLUMENZUCHT UND MILCHKÜHE

Vor allem aus der Luft fällt auf, dass die Insel abseits der Küste mit Gewächshäusern dicht bedeckt ist. Bevor Großbritanniens Beitritt zur EU den Inselbauern die Preise verdarb, wuchsen darin »Guernsey Toms«. Sie waren der Inbegriff für Qualitätstomaten – so wie die »Jersey Royals« als erstklassige Frühkartoffeln international gehandelt werden. Über Jahr-

◀ Im Hafen von St. Peter Port (▶ S. 87) recken sich die Segelmasten wippend empor.

Alderney

Guernsey

Herm

Sark

Jersey

zehnte verfielen die Gewächshäuser, so sie nicht für die Blumenzucht umgewidmet wurden. Erst langsam setzt ein Umdenken in der Selbstversorgung mit frischem Gemüse ein. Milchproduktion und Blumenzucht dominieren derzeit die Landwirtschaft. Ihr Beitrag zum Staatseinkommen ist gering, doch prägt sie das Bild der Insel. Versäumen Sie es also nicht, Milcherzeugnisse wie das vorzügliche Eis der Guernsey Dairy oder einen feinen Blauschimmelkäse aus Torteval zu kosten.

Die herrlichen Sandstrände im Westen und grandiosen Steilküsten des Südens, grüne Täler, schmale Landstraßen und abwechslungsreiche Klippenpfade eröffnen zahllose Möglichkeiten für Urlaubsaktivitäten. Kultur aus sechs Jahrtausenden ist mühelos in die Touren einzuflechten, Dolmen, Burgen oder die skurrile Literatenresidenz. Besatzerwahn hat unauslöschbare Spuren hinterlassen, viel Stoff um fehlende Seiten in europäischen Geschichtsbüchern mit zukunftsrelevanten Gedanken zu füllen. Ernst und dabei humorvoll führt Mary Ann Shaffers Briefroman »Deine Juliet« 70 Jahre zurück. Guernseys spannende Gegenwart erleben Sie zwischen St. Peter Ports quirligem Jachthafen und Strandidyllen, bei Cream Teas und Fisch frisch vom Kutter mit Sonnenuntergang im Westen …

ST. PETER PORT

Stadtplan ▶ S. 89
17 000 Einwohner

Der Jacht- und Fährhafen ist das große Plus der charmanten Inselhauptstadt. 1400 Liegeplätze verwandeln die Hafenbecken im Sommer in einen Wald schaukelnder Masten. Zusätzlichen Reiz gewinnt St. Peter Port durch die steilen Anhöhen, an denen die Häuser des 18. und 19. Jh. malerisch hinaufklettern. Gewundene Gassen und geheimnisvoll wirkende Treppenschluchten verbinden Ober- und Unterstadt miteinander. Eben ist nur der Uferstreifen, der dem Meer abgerungen wurde. Die Stadt an sich und ihre heitere Atmosphäre sind die Attraktion. So sollte man – abgesehen von Museumsbesuchen und einem Abstecher zum Haus von Victor Hugo oder Castle Cornet – genüsslich durch die Gassen schlendern oder an der Promenade Hafenatmosphäre schnuppern.

SEHENSWERTES

1 Castle Cornet

Guernseys bedeutendste Festung, erbaut ab 1206, ist tidenunabhängig erst seit 1859 über eine fast 800 m lange Mole erreichbar. Ihr heutiges Aussehen verdankt sie umfangreichen baulichen Eingriffen im 17. und 18. Jh. In der Kaserne für verheiratete Soldaten wird bildhaft, wie sie mit ihren Ehefrauen im 18. und 19. Jh. gemeinsam mit unverheirateten Soldaten in den gleichen Räumen lebten. Die Militärgeschichte beleuchtet das Militia Museum. Im Maritime Museum sieht man u. a. römische Amphoren, Schiffsmodelle und eine Dekompressionskammer.

Der Burghof dient im Sommer als Freilichttheater. Täglich um 12 Uhr erfolgt Böllerschuss aus der »noon day gun«.

Castle Pier | www.museums.gov.gg | April–Okt. tgl. 10–17 Uhr | Führungen tgl. 10.30 Uhr | Eintritt 10 £

2 Hauteville House

1856–1870 bewohnte der aus Frankreich verbannte Victor Hugo dieses stattliche Haus, seine Erben schenkten es 1927 der Stadt Paris. Der Schriftsteller sagte einmal, ein Dekorateur sei an ihm verloren gegangen. Man glaubt es aufs Wort, betrachtet man die mit Teppichen und Gemälden angefüllten Salons, die Küche, Bibliothek und das Schlafzimmer. Alles ist weitgehend so belassen wie zu seiner Zeit. Das Schreibpult steht im Wintergarten.

Im Haus Nr. 20 derselben Straße wohnte Hugo bei Ankunft in Guernsey zunächst zur Miete. Später kaufte er es für seine Geliebte Juliette Drouet.

38 Hauteville | www.victorhugo.gg | nur Führungen, April Mo–Sa 12–16, Mai–Sept. Mo–Sa 10–16 Uhr | Garten länger zugänglich | Eintritt 7 £

3 Othon-de-Grandson-Statue

Ein Schweizer als »Keeper« der Kanalinseln. Nichts Alltägliches 1277, als König Edward I. dieses Amt an Othon de Grandson (geb. 1238) aus Savoyen übertrug. Er hatte sich als Page am Hof in London mit dem späteren Edward I. angefreundet und ihn auf dem Kreuzzug 1269–1271 begleitet. Credit Suisse errichtete das Denkmal mit Brunnen vor ihrer Guernsey-Vertretung.

Les Echelons | frei zugänglich

4 Le Pollet

In der High Street steht Fachwerk Schulter an Schulter mit großbürgerlichem Eklektizismus. Eine Tafel am Gebäude von »Boots« (und an der Town Church) erinnert an General Isaac Brock, der hier geboren wurde. Er fiel 1812 in der Schlacht von Queenstown Heights, der Sieg seines Heeres aber rettete Kanada vor der Übernahme durch die Vereinigten Staaten. Guernseyaner war auch Thomas de la Rue (1793–1866; nach ihm benannt ein Pub in Lower Pollet). Als gelernter Drucker gründete er in Guernsey eine Zeitung, 1830 in London eine Spielkartenfertigung, aus der sich der weltgrößte Konzern für den Druck von Banknoten entwickelte.

5 St. Peter's Town Church

Die älteste Kirche der Hafenstadt wird erstmals 1048 in einer Schenkungsurkunde des Normannenherzogs Wilhelm erwähnt. Der gotische Bau datiert auf das 15. Jh. Im Innern stellen Kunstwerke den Bezug zum Patron St. Peter her: u. a. ein Relief an der Kanzel sowie das gro-

ße Nordfenster. Es musste wie das Liberation Window im Osten nach 1945
erneuert werden. Neben dem Bischofs-
stuhl schmückt eine Vertäfelung mit
den zehn Geboten in normannischem
Französisch die Stirnwand.
Church Sq.

6 Victorian Shop & Parlour ▶ S. 37

7 Victoria Tower

Der Aussicht wegen lohnt sich das Er-
klimmen der 99 Stufen in dem zu Ehren
des Besuchs von Königin Victoria und
Prinz Albert 1846 errichteten Turm. Die
Geliebten Victor Hugo und Juliette
Drouet trafen sich hier regelmäßig.

Schlüssel im Guernsey Museum (s. u.) erhältlich

MUSEEN UND GALERIEN

**8 Guernsey Museum – Candie
Gardens**

Das moderne Museum informiert über
die Inselgeschichte, Sehenswürdigkeiten und das Leben der Bewohner.
Vom nostalgischen Teepavillon schweift
der Blick über die Candie Gardens und
die Statue Victor Hugos (1914) zum Hafen. Bis unter das Dach wuchern teils
tropische Pflanzen im schmucken viktorianischen Gewächshaus. Von Mai
bis September kann man kostenlos
Sonntagskonzerten im Park lauschen.

Candie Gardens | www.museums.gov.
gg | tgl. 10–17 Uhr, Nov., Feb., März bis
16 Uhr, Jan. geschl. | Buchladen und
Café | Eintritt 6 £ | ♿

9 Guernsey Tapestry

Auf gestickten Paneelen sind hier
1000 Jahre Inselgeschichte dargestellt.
Audioguide in Deutsch.
College St. | www.guernseytapestry.org.
gg | Mo–Sa 10–16.30, Nov.–Ostern Do
10–16 Uhr | Eintritt 4,95 £ | Jimmy's Café
im selben Gebäude

10 La Valette Underground Military Museum

Ein Militärmuseum in einem von
Zwangsarbeitern für die deutschen Besatzer gegrabenen Tunnelsystem. Es
diente als Treibstofflager für U-Boote;
einer der Originaltanks ist erhalten.
Havelette Bay, Valette | www.lavalette.
tk | März–Nov. 10–17 Uhr | Eintritt 5 £

ÜBERNACHTEN

11 La Fregate

Boutiquehotel – Bestechender Hafenblick als Accessoire der modernen, hellen Zimmer. Mondäne und doch be-
hagliche Bar; Feinschmeckerküche.
Les Cotils | Tel. 72 46 24 | www.lafregate
hotel.com | 22 Zimmer | €€€€

Mitten drin in St. Peter Port

Das Treiben in Guernseys Hauptstadt hat etwas Heiteres, Lässiges.
Beine und Geist können sich hier
nach Einkaufsbummel oder Museumsbesuch in einem der kleinen
Lokale regenerieren (▶ S. 14).

Ilex Lodge

Ideal für Familien – Apartments für
Selbstversorger am Stadtrand, unweit
dem Beau Séjour Leisure Centre. Pool.
Rue Maurepas | Buchung: Del Mar
Court, Varclin | St. Martin's | Tel.
23 74 91 | www.selfcatering.co.gg |
10 Apartments | €€

Les Rocquettes

Strahlende drei Sterne – Mit Stil gestaltete, moderne Räume und ein ange-
nehmes Restaurant im ehemaligen Pa-
lais (mit Anbau). Pool und Garten.
15 bis 20 Gehminuten zum Zentrum.
Les Gravees | Tel. 72 21 46 | www.
lesrocquettesguernsey.com | 53 Zim-
mer | €€€

ESSEN UND TRINKEN

Zwischen 17 und 19 bzw. 19.30 Uhr bieten einige Lokale ein günstiges »Early
(bird) evening dinner«. Reservierun-
gen sind meist nicht erforderlich.

RESTAURANTS

12 Christie's

Vielseitig – Kaffee, Tee und kleine
Mahlzeiten im Bistro. Restaurant mit
Hafenblick für gepflegtes Dinieren.
Pollet | Tel. 72 66 24 | www.christies.
gg | tgl. 8–0.30 Uhr, Küche bis 22 Uhr |
Bistro €, Restaurant €€

13 Library Bar & Hidaway

Bücherpub – Alte Schmöker und
preiswerte Tagesgerichte gibt es im gemütlichen Pub. Darüber Sonnenterrasse und cool gestylte Brasserie; Spezialität: österreichische Leckereien.
Pollet | Tel. 72 44 52 | Bar 10.30–23.30, So
11–21.30 Uhr, Küche 12–14, 18.30–21.30 Uhr
€–€€

Prunkvoll und ausgesprochen kreativ richtete sich Victor Hugo im Hauteville House (▶ S. 88) ein. In diesen stattlichen Räumlichkeiten schrieb er u. a. »Les Misérables«.

⑭ Muse Café & Deli take away 🚩

En Vogue – Die gestylte Klientel aus dem Finanzdistrikt schätzt die Auswahl an Schnittchen mit fremdländischen Namen. Dennoch hat die »jacket potato«, die Ofenkartoffel, ihren Platz auf der Karte. Blick auf den Jachthafen.
Marina Court, Glategny Esplanade | Tel. 72 71 01 | Mo–Sa 8–17.30 Uhr | €€

⑮ Le Nautique

Exquisit – Mit Blick auf die Marina speist man Fischspezialitäten in französischer Gourmetqualität.
Quay Steps | Tel. 72 17 14 | www. enautiquerestaurant.co.uk | Mo–Sa 11.30–14 und 19–22.30 Uhr | €€€

⑯ Old Quarter

Feines ohne Pomp – Kleines, schlichtes Restaurant mit ambitionierter Kü-

che unweit dem Hauteville House, in dem Victor Hugo lebte.
Mansell St. | Tel. 72 72 68 | www.old quarter.co.uk | Di–Sa 12–14.30, Mo–Sa 18–22.30 Uhr | €€

⑰ Le Petit Bistro & Café

Faire Preise – Französische Küche in einem netten Altstadthaus, wo Service und Dekor zusammen ein freundliches Ambiente schaffen.
56 Lower Pollet | Tel. 72 50 55 | www. petitbistro.co.uk | Mo–Sa 12–14, 18–22 Uhr, Fr, Sa bis 22.30 Uhr | Bistro €€, Café €

⑱ The Swan Inn

Eckkneipe – Ein gemütliches Pub für süffiges Bier vom Fass und bodenständige Gerichte. Viele Einheimische.
St. Julian's Ave. | Tel. 72 89 69 | tgl. ab 10 Uhr, Küche 12–15, 18–22 Uhr | €

EINKAUFEN

19 Ben Le Prevost Chocolatier 🚩

Der Gaumen schwelgt und die Augen nicht minder. Ben Le Prevost ist ein wahrer Designer der Schokolade, der Guernseys feine Sahne als Zutat schätzt.
6 Mill St. | Tel. 71 35 04 |
www.benleprevostchocolatier.com

20 Creasey's

»Das« Kaufhaus für Modisches.
High St. | www.creaseys.com | Mo–Sa
9–17.30 Uhr

21 The Guernsey Shop

Guernsey-Wollpullover (▶ S. 35), Kinderkleidung, Spielzeug für den Strand und Mode mit maritimer Note.
North Esplanade | www.theguernsey-shop.co.uk | tgl. 9.15–17 Uhr

22 Joules

Mode für die ganze Familie: britischer Countrystyle in frischen Farben.
10, Pollet | Tel. 72 51 10 | Mo–Sa 9–17 Uhr

23 Quay Gallery

Inselmotive des Fotografen Mike Bonsall sowie Originalkunst in der engagiert geführten Galerie von Mike Barnaby. Kleine Ausstellungen.
3 Mill St. | Tel. 71 09 15 | www.quay
gallery.net | Mo–Sa 9–17 Uhr

24 Seasalt ▶ S. 37

KULTUR UND UNTERHALTUNG

The Doghouse   C2

Legere Bar und Restaurant, mit dem besten Programm an Livemusik.
The Rohais | Tel. 72 13 02 | www.dog
house.gg | tgl. Lunch 12–14 Uhr, abends ab 19 Uhr, So ganztägig Sunday Roast

25 St. James Concert & Assembly Hall

Konzerte und kulturelle Veranstaltungen in einer ehemaligen Kirche.
College St. | Tel. 71 13 61 | www.stjames.
gg, Karten: www.guernseytickets.gg

SERVICE

Annette Henry Tours

Lebhaft und geheimnisvoll führt Annette Henry abends durch die Stadt (teils mit Pub-/Restaurantbesuch).
Tel. 0 77 81/41 38 93 | www.annettehenry
tours.gg | auch Herm und Inselzentrum

Gill Girard Tours

Stadt- und Inseltouren, u. a. inspiriert von dem Buch »Deine Juliet« (▶ S. 148).
Tel. 25 24 03 | www.gillgirardtourguide.
com

Guernsey Tourist Board

North Esplanade | Tel. 72 35 52 | www.
visitguernsey.com

VERKEHR

Aurigny Air Services

Tel. 82 28 86 | www.aurigny.com

buses.gg (Linienbusse)

Karten für ein, zwei und sieben Tage, erhältlich am Kiosk des Busterminals.
South Esplanade | Tel. 70 04 56 | Fahrpläne: www.buses.gg

Ziele in der Umgebung

◎ WILDE KÜSTEN DES SÜDENS

C3

Guernseys schönste Steilküsten und Buchten prägen den Südosten. Hier ließen sich der Maler Auguste Renoir und Victor Hugo inspirieren. Die granitene Doyle Column zu Ehren eines ver-

Blütenbäume schmücken den idyllischen Friedhof der Gemeindekirche St. Martin's. Dort steht auch der jungsteinzeitliche Hinkelstein La Grandmère du Chimquière (▶ S. 94, nicht im Bild).

dienstvollen Lieutenant Governor im 19. Jh. ist gute Orientierung für Wanderer nahe Jerbourg Point (▶ S. 130).

Icart Point gab einem mehr als 2 Mrd. Jahre alten Granit-Gneis seinen Namen. Er gehört zu den ältesten der Welt. Die Gemeinde Torteval im äußersten Südwesten prägen windgepeitschte Hochflächen und schroffe Steilküsten nordisch-herber Natur. Hingegen gilt für Forest »nomen est omen«. Durch ein idyllisches Wäldchen führt der Weg zur Petit Bôt Bay mit einem romantischen und – weil auch per Auto erreichbar – beliebten Sandstrand zwischen hohen Felsen. Hanois Lighthouse im Westen warnt die Schifffahrt über 20 Seemeilen vor dem gefährlichen Ende der »Channel Islands«.

2–10 km südwestlich von St. Peter Port

SEHENSWERTES

Les Caches Farm

Gut 170 Jahre zurück führt der Besuch im Bauernhaus von 1840. Beachtlich ist der »furze oven« zum Brotbacken.

Rue des Villets, Forest | www.national trust.gg | Mai–Sept. Di 14–16, Do 10.30–12.30 Uhr | Eintritt frei

Fermain Bay

Durch ein schattiges Tal führt der Pfad hinunter in die beliebte Badebucht. Ihr trutziger Turm (1780) sollte französische Angreifer abwehren. Besonders attraktiv ist der Spaziergang von St. Peter Port her, wenn sich der blaue Blütenteppich der Waldhyazinthen über die Hänge legt. Cafe-Restaurant mit herrlichem Panorama.

🕐 Wenn auf dem Klippenweg zur Fermain Bay das Morgenlicht durch die Baumkronen dringt, fühlt man sich wie auf einem Spaziergang durch ein impressionistisches Gemälde.

La Grandmère du Chimquière

Am Eingang zum Friedhof von St. Martin's Church steht eines der interessantesten jungsteinzeitlichen Denkmäler der Insel: ein 1,6 m hoher Statuenmenhir mit menschlichem Antlitz und angedeuteten Brüsten, Symbol für eine göttliche Erdmutter. In römischer Zeit wurden Gesicht und Haare gemeißelt. Man vermutet, dass ein Geistlicher – erfolglos – versuchte, den Menhir zu zerschlagen und so der Riss entstand.

St. Martin's Church | frei zugänglich

Moulin Huet Bay

In der weiten Bucht fühlt man sich am Fuß der mächtigen Gneisklippen winzig. Da man das Meer nur per pedes erreicht, ist der Strand meist relativ leer. Victor Hugo liebte die Idylle, 1883 hielt Renoir seine Impressionen eines Sommermonats auf 15 Gemälden fest.

1 km Fußweg ab Hotel Bella Luce

Pleinmont

Ungebremst fegt der Wind über die nahezu baumlose Hochebene, deren Silhouette Antennenmasten und ein deutscher Feuerleitturm bestimmen. An alte Bräuche erinnert der kreisförmige Table des Pions (»Feenkreis«) im äußersten Westen.

Pleinmont Tower | tgl. April–Okt., So 14–17 Uhr | Eintritt 3 £

Sausmarez Manor

Das größte Herrenhaus der Insel geht auf das 13. Jh. zurück. Trotz mehrfacher Umbauten wirkt es eindrucksvoll stimmig. Bei einer Führung erfahren Sie Kurioses aus der Chronik der Familie, zu der u. a. Freibeuter und Admiräle gehörten. Der Schlosspark hat sich durch rund 250 zeitgenössische Skulpturen in einen Kunstpark verwandelt. Gartencafé, Laden mit kunsthandwerklichen Artikeln. Im Sommer Miniaturbahn für Kinder und samstags Bauern- und Trödelmarkt (9 bis 12.45 Uhr).

Sausmarez Rd. | www.sausmarezmanor. co.uk | Park ganzjährig tgl. 10–17 Uhr | Manor House: Ostern–Ende Mai und Okt. Führungen Mo–Do 10.30, 11.30, Juni–Sept. Mo–Do 10.30, 11.30, 14.30, Fr, Sa 10.30 Uhr, Geistertouren Mi–Fr abends, Info-Tel. 23 55 71 | Eintritt 7 £

MUSEEN UND GALERIEN

German Occupation Museum

Eindrucksvolle Ausstellung über die Zeit der deutschen Besatzung. Interessant sind u. a. Inselkarten, auf der die Ortsnamen ins Deutsche übersetzt wurden: Aus St. Peter Port wurde Petershafen, aus St. Martin Martinshausen …

Hinter Forest Parish Church | Tel. 23 82 05 | www.germanoccupation museum.co.uk | April–Okt. tgl. 10–17 Uhr, Nov.–März Di–So 10–13 Uhr, Einlass bis 1 Std. vorher | Eintritt 5 £

ÜBERNACHTEN

Auberge du Val Hotel & Herb Garden

Im Grünen – Hotel in einem 150 Jahre alten Bauernhaus, sehr ruhig gelegen. Persönlicher Service und schlichte Möblierung. Beliebtes Bistro-Restaurant.
Sous l'Eglise, St. Saviour | Tel. 26 38 62 | www.aubergeduvalguernsey.com | 9 Zimmer | €€

La Barbarie Hotel & Apartments

Entlegen – Die Unabhängigkeit einer Ferienwohnung verbunden mit den Annehmlichkeiten eines edel modernisierten Hotels. Pool. Nahe Saints Bay.
Saints Road | Tel. 23 52 17 | www. labarbariehotel.com | 23 Zimmer, 10 Apartments | €€–€€€

Bella Luce Hotel

Eleganz in alten Mauern – Den Kern bildet ein historischer Gutshof, dessen Ursprung ins 12. Jh. datiert. Die Zimmer in neobarockem Stil bieten modernen Komfort. Luxuriöses Spa.
Fosse | Tel. 23 87 64 | www.bellaluce hotel.com | 31 Zimmer | €€€€

Les Merriennes

Rustikal – Hübsche Apartments in einer ehemaligen Scheune; Küstennähe.
Bigard | Tel. 26 32 62 | www.cottage guide.co.uk/lesmerriennes | 2 Apartments für je 2 Pers., April–Sept. | €

La Pompe Country Apartments

Englisch gepflegt – Gut ausgestattete Wohnungen in einem Bauernhaus aus dem 17. Jh. Kinder ab 12 Jahre.
Ruette de la Pompe, Les Mouilpieds | Tel. 23 90 96 | www.lapompe.co.uk | 3 Wohnungen | €€€

ESSEN UND TRINKEN

RESTAURANTS

Le Gouffre Cafe

Hoch über dem Meer – Netter Stopp, um auf der Terrasse über der Steilküste lokale Gerichte zu probieren.
Gouffre | Tel. 26 41 21 | ab 9.30 Uhr | €€

CAFÉS

Icart Café

Wanderpause nahe den Klippen – Hinter Büschen versteckt sich das schlichte Gartencafé.
Icart Point Parkplatz | Sommer tgl. 10–17 Uhr | €

Moulin Huet Tea Garden

Blütenüppig und kühl – Genießen Sie die Frische des Gartens und leckere Kuchen inmitten hoher Hortensien.
Moulin Huet Bay | Sommer tgl. 10–18 Uhr | €

EINKAUFEN

The Edwardian Tin, Copper & Silverworks

In der Scheune aus der Tudorzeit (16. Jh.) funkeln die klassischen Guernsey Cans, Milchkannen, die angeblich vor mehr als 1000 Jahren aus der Normandie auf die Inseln kamen.
Sausmarez Manor, Sausmarez Rd. | Mitte März–Sept. Mo–Sa 9–17, So 12–17 Uhr, sonst Mo–Fr 10–16 Uhr

◎ DIE GRÜNE MITTE B 2

Zwei der bekanntesten Sehenswürdigkeiten, Little Chapel und das German Underground Hospital, liegen im grünen Herzen von Guernsey. An ein Labyrinth erinnern die engen Country Roads und die Ruettes Tranquilles – und verlocken daher umso mehr zu

Erkundungen, etwa im bezaubernden Tal des Talbot oder mit dem Ziel Saumarez Park. Die weitläufige Gartenanlage, in der der »Vieaer Marchi« und die »Battle of Flowers« stattfinden, sowie das volkskundliche Museum versprechen unterhaltsame Stunden.

4–6 km westlich von St. Peter Port

SEHENSWERTES

German Underground Military Hospital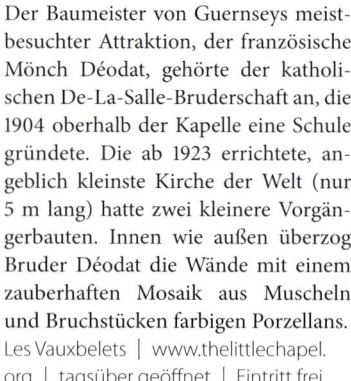

In den feuchtkalten 2 km langen Stollen, die in der Besatzungszeit den Deutschen als Hospital, aber auch als Munitionslager dienten, stehen in schummrigem Licht noch einige Bettgestelle; manche deutsche Aufschriften sind erhalten. Die Zwangsarbeiter mussten ca. 60 000 t Gestein aus dem Fels brechen.

Vassalerie Rd. | Mai–Okt. tgl. 10–12, 14–16 Uhr, Nov., März, April kürzer, aktuelle Zeiten im Tourist Office | Eintritt 3,50 £

Little Chapel

Der Baumeister von Guernseys meistbesuchter Attraktion, der französische Mönch Déodat, gehörte der katholischen De-La-Salle-Bruderschaft an, die 1904 oberhalb der Kapelle eine Schule gründete. Die ab 1923 errichtete, angeblich kleinste Kirche der Welt (nur 5 m lang) hatte zwei kleinere Vorgängerbauten. Innen wie außen überzog Bruder Déodat die Wände mit einem zauberhaften Mosaik aus Muscheln und Bruchstücken farbigen Porzellans.

Les Vauxbelets | www.thelittlechapel. org | tagsüber geöffnet | Eintritt frei

Ste Marie du Castel

Die Pfarrkirche aus dem 12. Jh. steht an der Stelle einer Burg auf einer Anhöhe.

Kostbar sind drei zwölf Meter lange Wandmalereien (13. Jh.): das Letzte Abendmahl, drei Ritter mit Falken, drei Skelette und ein Mönch.

Les Rohais de Haut/Rue du Presbytère | unregelmäßig geöffnet

MUSEEN UND GALERIEN

Folk and Costume Museum Saumarez Park

Anschaulich gestaltete volkskundliche Ausstellung über das Leben in früheren Zeiten. Zu sehen sind u. a. bäuerliche Wohnräume, Fischereigeräte, ein Pferdebus und eine alte Apfelpresse.

Route de Cobo, Castel | www.national trust.gg | Mitte März–April, Sept., Okt. tgl. 10–17, Mai–Aug. 10–17.30 Uhr | Eintritt 5 £ | Café, Museumsshop

ÜBERNACHTEN

The Farmhouse Hotel

Opulent – Elemente zeitgenössischer Wohnkultur wandelten ein historisches Gehöft zum Luxushotel. Lounge mit offenem Kamin, großzügiger Poolbereich. Aus biologischem Anbau stammen die Zutaten der Küche.

Route des Bas Courtils | Tel. 26 41 81 | www.thefarmhouse.gg | 14 Zimmer/ Suiten | €€€€

EINKAUFEN

Bruce Russell & Son

Edle Schmuckstücke nach eigenem Design präsentiert der Familienbetrieb in einem Gehöft von 1582. Es liegt inmitten eines wunderschönen Gartens, auf den man von der Terrasse der beliebten Mint Brasserie & Tea Room blickt (Inselspezialitäten aller Art; €€).

Gron | Tel. 26 43 21 | Mo–Sa 9–17, Ostern–Okt. auch So 10–17 Uhr

◎ IM WESTEN KÜSTE PUR ⚑ A 2

In weiten Bögen schwingt sich die Küstenlinie von der Pleinmont-Halbinsel nach Nordosten. Grauer Gneis, Diorit und rosafarbener Granit … hier zeigt sich ein Potpourri der Felsen, an denen das Meer unablässig nagt. Bei Ebbe beleuchtet die Sonne helle Sandflächen, unterbrochen von rauen Steinnasen, Festungen und trutzigen Türmen (19. Jh). Ländlich wirkt das Land jenseits der Panzersperrmauer aus der Besatzungszeit und des Dünengürtels. Watvögel finden reiche Nahrung in geschützten Sumpfwiesen.

Bei Ebbe entlang der Küste zu wandern, ist ein unvergleichliches Erlebnis. Vazon Bay darf als die schönste Bucht zum Sonnenbaden gelten.

Nicht die Pfarrkirche von St. Saviour oberhalb des Trinkwasserreservoirs, um den der Millennium Walk führt, sondern St. Apolline's Chapel nahe der Perelle Bay zählt zu den kunstgeschichtlichen Schätzen der Insel.

5–8 km westlich von St. Peter Port

SEHENSWERTES

Bridget Ozanne Orchid Fields

Nur einen Steinwurf von der Rocquaine Bay entfernt blühen im Mai und Juni schönste Orchideen. Die Magerwiesen, von La Société Guernesiaise bewirtschaftet, sind leicht zu erkennen.

Rue les Vicherie, St. Pierre de Bois

Le Creux ès Faies

Lihou Island in Sichtweite, duckt sich ein Grabhügel. Ursprünglich überdeckte den 5000 Jahre alten Dolmen ein weiterer Erdmantel, sodass sein Durchmesser 18 m erreichte. In dem Ganggrab (9 m) fand man Skelett- und Tongefäßreste aus der Zeit um 2000 v. Chr. Der Legende nach war der Dolmen der Eingang in das Reich der Feen (Faies).

Mit Tausenden von Muscheln und zerbrochenem Porzellan wurden die Wände der Little Chapel (▶ MERIAN TopTen, S. 96) ausgekleidet und fesseln damit die Blicke der Besucher.

Die besondere Lage des Fort Grey Shipwreck Museums (▶ S. 98) in St. Pierre du Bois macht den Besuch ebenso lohnenswert wie die Ausstellung selbst.

L'Eree Bay, Zufahrtsstraße zu Lihou Island | frei zugänglich

Lihou Island

Bei niedrigen Ebbständen gelangt man über einen gepflasterten Damm auf das Inselchen an der L'Erée Bay. Der Weg ist hier das Ziel, denn die einzige Sehenswürdigkeit sind die spärlichen Ruinen eines mittelalterlichen Klosters, das nur bis 1156 bestand und zu Mont St-Michel gehörte. Entdecken Sie die außergewöhnliche Flora und Fauna des Felsenwatts, das als Lebensraum für Wasservögel nach der Ramsar-Konvention Schutz genießt.

Der deutsche Feuerleitturm am Kap ist einem Wachturm aus napoleonischer Zeit aufgepropft.

L'Erée | Tafel mit Tidenzeiten am Lihou-Damm

St. Apolline's Chapel

Der Nothelferin bei Zahnschmerzen ist die besterhaltene der rund 20 mittelalterlichen Kirchen der Insel geweiht. 1392 erbaut, wurde sie zeitweilig als Stall zweckentfremdet (1978 restauriert). Reste einer Abendmahldarstellung sind erkennbar.

Grande Rue, 500 m von der Perelle Bay

Le Trépied Dolmen

Der gut erhaltene Dolmen liegt beeindruckend auf einer Anhöhe an der Perelle Bay. Der Sage nach trafen sich hier nachts die Hexen mit dem Teufel.

Rue de la Croix Martin | frei zugänglich

MUSEEN UND GALERIEN

Fort Grey Shipwreck Museum

Kleine Ausstellung im Turm einer Festung aus dem Jahr 1804. Sie dokumentiert, wie viele Schiffe an den tückischen Felsen der Westküste gestrandet sind. Video über Rettung der Bohrinsel »Orion« 1978.

Rocquaine Bay | April–Okt. tgl. 10–17 Uhr | Eintritt 4 £

ÜBERNACHTEN
Cobo Bay Hotel
Panorama inklusive – Neu renoviertes Komforthotel, perfekt, um von Balkon oder Restaurant die Abendsonne am Meer zu genießen. Sonnenterrasse sowie kleine Health Suite. Gutes Preis-Leistungs-Verhältnis.

Cobo Coast Road, Castel | Tel. 25 71 02 | www.cobobayhotel.com | 34 Zimmer | €€

L'Eree Bay Hotel
Preislich angemessene Mittelklasse – Sympathische Zimmer, die einen Blick bis nach Lihou Island ermöglichen. Zuvorkommender Service in Bar und Brasserie, die, ebenso wie das Pub nebenan, von Einheimischen gern besucht werden.

Route de la Rocque Poisson | Tel. 26 41 61 | www.lereebayhotel.com | April–Okt. | 33 Zimmer | €€

The Granary 🚩
Home away from Home – Ländlich in behaglichen Granitmauern wohnen … dieser Traum erfüllt sich in den drei Ferienwohnungen der »Getreidescheune«. Der großzügige Schnitt, edles Interieur und der herrliche Garten führten zu Gold-Auszeichnungen durch das Tourist Board.

St. Pierre du Bois, Route du Quanteraine | Tel. 26 59 44 | www.thegranaryself catering.com | €€€

Hotel Fleur du Jardin
Natürlich gestylt – In unmittelbarer Nähe zu Weiden und Feldern steht dieses ungewöhnliche Hotel, benannt nach einer der berühmten Guernsey-Kühe: Fleur du Jardin XII., wörtlich Blume des Gartens. Hier zu übernachten bietet die erlebenswerte Mischung aus derben Granitmauern, moderner Ausstattung mit maritimen Designakzenten sowie feiner Marktküche. Pool.

Kings Mills, Castel | Tel. 25 79 96 | www.fleurdujardin.com | 21 Zimmer | €€€

Mille Fleurs
Luxus im Paradiesgarten – Edle Wohnungen im Bauernhaus inmitten eines preisgekrönten Gartens. Beheizter Pool.

Rue du Bordage | Tel. 26 39 11 | www.millefleurs.co.uk | 4 Einheiten für 2–5 Pers. | €€€

La Pointe Farm Apartments
Rundum entspannend – Sehr gepflegte, moderne Wohnungen für zwei bis fünf Personen auf einem ehemaligen Gehöft in den Hügeln. Der Blick aufs Meer macht Lust, gleich loszulaufen. Aufmerksame, umweltbewusste Besitzer.

Rue du Lorier, St. Pierre du Bois | Tel. 26 71 69 | www.lapointefarm.com | €€

ESSEN UND TRINKEN
RESTAURANTS
The Rockmount Pub
Authentisch urig – Dieses Pub kennt auf Guernsey jeder, hier trinken die lokalen Kricketmannschaften auf Sieg – oder Niederlage. Hier kehrt die Familie zum Sunday Lunch ein. Solide Hausmannskost zu günstigem Preis.

Cobo Coast Road, Castel | Tel. 25 67 57 | tgl. 12–24 Uhr | €

The Taste of India

Schärfe mit Aroma – Klassiker der indischen Küche werden in dem kleinen Strandhaus mit geschützter Terrasse gereicht. Schön, um den Sonnenuntergang zu beobachten.

L'Erée Bay, Route de la Rocque Poisson | Tel. 26 45 16 | tgl. 12–14, 18–23 Uhr | €

CAFÉS – IMBISSLOKALE

Café am Colin Best Nature Reserve

Alles selbst gemacht – Verlockende Kuchen, Sandwiches und Suppen serviert im schlichten Information Centre der Société Guernesiaise.

L'Erée, Einfahrt gegenüber L'Eree Bay Hotel | Sommer tgl. 9–17 Uhr | €

Guernsey Pearl

Schlicht – Helles Selbstbedienungslokal mit Gartenplätzen. Gute Ofenkartoffeln und frisch zubereitete Suppen; Sandwiches und Kuchen.

Rocquaine Rd., gegenüber Fort Grey | €

EINKAUFEN

Coach House Gallery

Verkaufsausstellung von Aquarellen, Objekten aus Glas, Metall und Keramik.

Moulin a Vent, Les Islets, St. Pierre de Bois | Tel. 26 53 39 | tgl. 11–17 Uhr

Guernsey Pearl

Schmuck in allen Preislagen – zum Schwachwerden.

Rocquaine Rd. | Tel. 26 64 04 | März–Okt. tgl. 9.30–17 Uhr

Le Tricoteur ▶ S. 37

◎ DER NORDEN B/C 1

Der nordöstliche Teil der Insel war bis 1806 durch einen seichten, bei Flut gefüllten Kanal von Guernsey getrennt. Er reichte vom Grande Havre bis St. Sampson Harbour. Zur Kirche von Vale konnte man mit dem Boot fahren. Die Oatlands Farm stand am Meeresufer. Da die Staatsgelder für das Dammprojekt am Grande Havre nicht reichten, finanzierte es General Doyle über den Vorabverkauf von Grundstücken in dem einzudeichenden Gebiet. St. Sampson, den Bezirk nördlich von St. Peter Port, verbinden die Einheimischen mit Industrie, Öllagern und Steinbrüchen.

Ca. 6 km nördlich von St. Peter Port

SEHENSWERTES

L' Ancresse Bay – Pembroke Bay

An der weiten sandigen Doppelbucht stehen zum Schutz gegen eine französische Invasion **sechs Wachtürme** aus der Zeit um 1780. Im Erdgeschoss haben sie einen Lagerraum, darüber die Soldatenquartiere. Der Eingang lag in Höhe der ersten Etage. Nicht alle der ursprünglich 15 Türme sind erhalten und nur einer ist zu besichtigen: **La Rousse Tower** am Grande Havre.
Die Wege durch den Golfplatz von L' Ancresse sind öffentlich.

Rousse Tower | April–Okt. tagsüber ab 9 Uhr bis Sonnenuntergang

Le Déhus Dolmen

Eine kleine Tür führt in das wieder von einem Erdhügel bedeckte Grab. Geduckt geht man die zehn Meter bis in die ca. zwei Meter hohe Hauptkammer. Hier erhellt ein Scheinwerfer einen der mächtigen Decksteine. Schemenhaft sind die Umrisse eines bärtigen Mannes mit Pfeil und Bogen zu erkennen: Augen und Mund leicht vertieft, Lippen und Nase ein wenig erhaben. Der »Gardien du Tombeau« (Hüter des Grabes) dürfte wie das Grab mit vier Nebenkammern 5000 Jahre alt sein.

Vale, Déhus Lane/Kings Road | tgl. 9 Uhr bis Sonnenuntergang | Eintritt frei

Vale Castle

An der Stelle eines eisenzeitlichen Forts entstand im 15. Jh. eine Festung mit unregelmäßigem Grundriss. Im 17. und 18. Jh. wurde sie dem neuesten Stand der Verteidigungsarchitektur angepasst. Herrlicher Blick.

Nicht nur ein Event der Jugend ist das Musikfestival »Vale Earth Fair«, das jährlich im August stattfindet.

Castle Rd., Vale | frei zugänglich

La Varde Dolmen – Les Fouaillages

Der hoch aufragende **Millenium Stone** weist die Richtung zwischen den makellosen Golfplatz-Greens zu Guernseys größtem Dolmen, La Varde. Das mehr als zehn Meter lange Ganggrab westlich der Pembroke Bay wird in die Zeit um 2500–3500 v. Chr. datiert.

Auf dem Gelände des L' Ancresse Common weiter südlich wurde der Kultplatz Les Fouaillages aus der Zeit um 4500 v. Chr. teilweise rekonstruiert.

Westteil des Golfplatzes, nahe der Straße zur Ladies Bay | frei zugänglich

ÜBERNACHTEN

The Bay Apartments

Blick über Pembroke Bay – Moderne, helle Apartments, geschmackvolle Möblierung mit alten und neuen Elementen. Tennisplatz, Pool.

The Bay, Pembroke | Tel. 0 77 81/14 51 29 | www.thebayguernsey.co.uk | 4 Wohnungen | €€

ESSEN UND TRINKEN

Beaucette Marina Restaurant

Unter Seglern – Der Meerblick über den kleinen Jachthafen hinweg hebt den Genuss der mediterran inspirierten Küche. Mit Fisch oder Meeresfrüchten liegt man hier nie falsch.

Beaucette Yacht Marina | Tel. 24 70 66

EINKAUFEN

Avant-Garden

Von Dekoartikeln bis zur kompletten Einrichtung eines Wintergartens bietet der Shop ein ansprechendes Sortiment rund um Garten und Terrasse.

L'Islet Crossroads, St. Sampsons | www.avantgardenguernsey.com | Tel. 24 66 11 | Mo–Sa 10–17, So ab 11 Uhr

Oatlands Village & Guernsey Freesia Centre

Hinter den alten Ziegelbrennöfen gruppieren sich um einen Hof Läden für Geschenkartikel, u. a. Rebecca's Chocolates, neben The Tea Garden und der Courtyard Brasserie. In den Glashäusern des Freesia Centre (jenseits der Straße) sieht man, wie die millionenfach exportierten Freesien gezüchtet werden.

Route Carre/Les Gigands | www.oatlands.gg | tgl. 9.30–17 Uhr

Gesteinsmühlen an der L' Ancresse Bay

Zieht sich das Meer zurück, kommen sanfte Gesteinsskulpturen zwischen steinernen Straußeneiern zum Vorschein. Faszinierende Gebilde der Natur – zu sehen ganz ohne Eintritt … (▶ S. 14).

SARK

Keine Busse, keine Autos … nur vom Meer ausgewaschene Fels-
formationen, grandiose Panoramen und nette Lokale, um sich
nach einem Fahrrad- oder Wanderausflug verwöhnen zu lassen.
Sark bietet eine Auszeit von Hektik und Lärm.

Gut 11 km östlich von Guernsey und 20 km nördlich von Jersey liegt der kleinste unabhängige Staat im Besitz der englischen Krone: überschauba-re 5 km lang und 2 km breit. Die rund 650 Einwohner fahren Fahrrad, Traktor – selbst der Arzt hat einen – oder gehen zu Fuß. Für Touristen stehen außerdem gemütliche Pferdekutschen bereit, Spaß für Kinder und Erwachsene gleichermaßen.

JUNGE DEMOKRATIE IM STERNENLICHT

Mühelos lässt sich die Doppelinsel an einem Tag erkunden. Doch so klein sie ist, die bizarren Küsten, sanften Weiden, der Garten der Seigneurie und der international gerühmte, sternenübersähte Nachthimmel bieten vielfältige Abwechslung, um hier genüsslich mehrere Tage zu verbringen. 2011 wurde Sark als erster Insel weltweit der »Dark Sky Status« verliehen.

◄ La Coupée (► MERIAN TopTen, S. 104) darf nur autofrei überquert werden.

Alderney

Guernsey

Herm

Sark

Jersey

Politisch betrachtet ist die Insel ein Kuriosum im Umbruch. Herr der Insel ist der »Seigneur«, gegenwärtig Michael Beaumont. Im Inselparlament, »Chief Pleas« genannt, sitzen neben ihm nicht mehr, wie früher, die Eigentümer der 40 Gehöfte, in die Sark seit 1565, dem Jahr der Neubesiedelung, durch den Seigneur von St. Ouen gegliedert war. Stattdessen entscheidet seit 2008 ein demokratisch gewähltes, 28-köpfiges Gremium über die Geschicke der Insel. Gesetze müssen von den Vertretern der Krone auf Guernsey und dem Kronrat in London gebilligt werden. Das Parlament setzt verschiedene Beamte ein – 2013 erstmals mit Bezahlung für die Position des Sénéchal und seines Vertreters. Zu den ehrenamtlichen übrigen zählen u. a. ein »Constable« in der Funktion eines Polizisten und sein designierter Nachfolger, der »Vingtenier«.

LANDSCHAFT IM UMBRUCH

Sark obliegt seiner eigenen Steuergesetzgebung. Alle Ausgaben müssen von der Insel selbst getragen werden. Trotz der niedrigen Steuersätze reichen die Einnahmen, um jungen Leuten ein Studium in England zu finanzieren. Eine Sozialgesetzgebung fehlt. Wie im Mittelalter gilt das Prinzip gegenseitiger Hilfe: So erhalten bedürftige Senioren eine Rente vom Staat. Wichtigste Einnahmequellen sind die Hafengebühren für Besucher sowie die Steuern auf Alkoholika und Tabakwaren. Hauptwirtschaftszweig ist der Tourismus.

In der Landwirtschaft erlebt Sark seit 2010 einen extremen Umschwung. Damals wurden 30 000 Weinstöcke gepflanzt. Bis Anfang 2013 kamen weitere 200 000 hinzu: Beauftragte der Gebrüder Sir Frederick und Sir David Barclay wandelten ursprünglich als Weide für Schafe, Milchvieh und Pferde genutztes Land in Rebgärten. In Zeiten knapper Finanzen hatten Sarkianer an die Schlossherren von Brecqhou verkauft. Der Barclay-Produktionsplan lautet: Weißweine sowie Sekt. In Sark prallen heute knallhartes Wirtschaftsdenken und ein in Traditionen verhaftetes Gemeinwesen ohne in vielen Bereichen festgeschriebene Gesetze aufeinander.

SEHENSWERTES

① Brecqhou

Die von Sark durch die nur 70 m breite Gouliot Passage getrennte Nachbarinsel ist seit 1993 streng bewachter Privatbesitz der Zwillinge und Medienmagnaten Sirs David und Frederick Barclay (geb. 1934, geschätztes Privatvermögen im Jahr 2013: 2,35 Mrd. £). Millionen investierten sie in ihr pompöses neugotisches Schloss. Zu einer **Gartentour** am Morgen können sich Gäste der Sark Island Hotels (u. a. Dixcart Hotel und La Moinerie) bei einem Aufenthalt von mehr als zwei Tagen kostenlos anmelden. Für andere kostet es 38 £ pro Person (Kinder 19 £) inkl. Bootstransfer. Ostern–Anfang Okt.

⭐ La Coupée

Ein schmaler, 78 m hoher Felsgrat verbindet Sark mit seinem südlichen Anhängsel, Little Sark. Der viel fotografierte, 90 m lange Fahrweg wurde erst nach Ende des Zweiten Weltkriegs von deutschen Kriegsgefangenen befestigt. Im Jahr 1900 war erstmals ein Geländer angebracht worden, sodass die Kinder von Little Sark auf dem Schulweg bei Sturm nicht mehr auf allen Vieren über den gefährlichen Grat kriechen mussten. Der Fotoblick bietet sich einem zu beiden Seiten von kleinen Wiesenstücken direkt am Abhang – Vorsicht! Fahrradfahrer müssen vor der steilen Abfahrt zu La Coupée absteigen und über den Grat schieben. Vom Nordende aus führen Stufen hinunter zur sandigen Badebucht **La Grande Grève**.

② Creux Harbour/Maseline Harbour

Der idyllische, aber gezeitenabhängige Creux Harbour stammt noch aus dem 16. Jh., als der damalige Seigneur Helier de Carteret die kleine Insel Sark kolonisierte. Die schöne Bucht, anfangs nur durch den schmalen Tunnel zugänglich, schützt seit den 1890er-Jahren die hohe Mole. Beachtenswert ist die Rampe, die ins Wasser führt: Die schräg gesetzten Steine verhindern, dass die Pferde mit ihren Hufen rutschen und Wagen versehentlich zurückrollen.

An der 1948 vollendeten Pier von Maseline Harbour können Schiffe uneingeschränkt anlegen. Von **Point Robert** ein wenig nördlich schickt der **Leuchtturm** sein Licht seit 1913 alle 15 Sekunden über das Meer – 20 Seemeilen bzw. 37 km weit.

③ Goldener Briefkasten

Vor Sarks kleinem Postamt mit Gemischtwarenladen steht seit den Olympischen Spielen von 2012 ein goldener Briefkasten – zu Ehren von **Carl Hester MBE** (geb. 1967). Aufgewachsen auf Sark und als Junge der Champion der örtlichen Esel- und Pferderennen sowie attraktiver Kutscher, gewann er in London mit der britischen Dressurmannschaft Gold. Heute bekommt man Sonderbriefmarken (1 £) mit dem Briefkasten als Motiv.
The Avenue, Post Office & Gallery Stores | www.goldpostboxes.com

④ Jail (Goal)

Die beiden Zellen stehen zwar meist leer, doch immerhin hat Sark ein Gefängnis: ein kleiner Granitbau mit Tonnendach und der Jahreszahl 1856 über dem Eingang. Hier verbringt schon mal ein Betrunkener, der im Pub randaliert hat, eine Nacht. Im Ernstfall müssen Gesetzesbrecher aber binnen

48 Std. freigelassen oder dem Richter in Guernsey vorgeführt werden.

The Avenue

Little Sark

Die nur über den Felsgrat von La Coupée erreichbare Halbinsel wird als Weideland genutzt. Biegt man vom Weg hinter dem Hotel **La Sablonnerie** links ab, kommt man zu den im 19. Jh. kurzzeitig ausgebeuteten Silberminen. Von dort schlängelt sich ein Pfad zum **Venus Pool**. Nur bei Ebbe ist das romantische Felsbadebecken gut erkennbar.

Le Manoir

Nach historischen Aufzeichnungen baute Seigneur Helier de Carteret das langgestreckte Granitgebäude (gegenüber dem Tourist Office liegend), als er vom Jahr 1565 an Sark mit 40 Familien aus Jersey und Guernsey im Auftrag von Königin Elizabeth I. befriedete und unter den Pflug nahm. Etwas später entstand das stattliche, nach Süden ausgerichtete Gebäude. Ein internationales Familientreffen der De Carterets 2011 in Jersey schloss natürlich auch einen Ausflug nach Sark ein, woran

eine Tafel in der Wiese gegenüber von Le Manoir erinnert. Die **Cider Press Barn** wird nach ihrer Renovierung wechselnden Ausstellungen dienen. Die **Windmühle** 300 m westlich wird auf das Jahr 1571 datiert.
The Avenue

⑦ Pilcher Monument/ Gosselin Harbour

Nicht verwandt oder verschwägert ist Rosamunde mit Joseph Pilcher. Ihm zu Ehren ließ seine Frau nach dem Schiffsunglück 1868 den weithin sichtbaren Obelisk errichten. Vom Denkmal windet sich ein romantischer Pfad hinunter zu **Gosselin Harbour** (an der Meerenge zu Brecqhou). Wenn im Mai und Juni der gelbe Stechginster blüht, schwebt ein süßlicher Vanilleduft über den lauschigen Picknickplätzen (mit Bänken).

⑧ La Seigneurie

Ihre bezaubernden Gärten im Ensemble mit den romantischen Gebäuden bilden eine der Hauptattraktionen von Sark. Seit 1730 residiert der amtsinhabende Seigneur im Gutshaus La Perronerie. Suzanne Le Pelley hatte damals das königliche Lehen Sark erworben und ihren Familiensitz der vormaligen Seigneurie Le Manoir (▶ S. 104) vorgezogen. Das Gehöft entstand ab dem Jahr 1612 an der Stelle eines Klosters aus dem 6. Jh. und wurde mehrfach entsprechend den architektonischen Moden der Zeit verändert, der auffällige Turm wurde erst 1854 erbaut. Das Gebäude ist vorübergehend verpachtet, denn 2009 entschieden sich Seigneur Michael Beaumont OBE und seine Frau aus Altersgründen für ein kleineres Domizil.

Die romantischen La-Seigneurie-Gärten (▶ S. 106), ursprünglich einem Kloster angehörig, verbreiten besonders im Juni den betörenden Duft von Rosen und Schwertlilien.

Der kleine **Waffenplatz** versammelt historische Zeugnisse diverser Jahrhunderte. So entdeckt man hinter dem schmucken **Taubenturm** – nur der Seigneur war ursprünglich berechtigt, Tauben zu halten – eine geradezu zierliche Kanone aus dem Jahr 1572, Geschenk Königin Elizabeths I. an Sarks ersten Seigneur, Helier de Carteret. Ferner stehen hier Geschütze aus napoleonischer Zeit und dem Zweiten Weltkrieg, eine Apfelpresse, der alte Zehntwagen und die letzte mit einer Handkurbel betriebene Telefonzelle (einst am Hafen). Mit den Steintafeln an der Mauer neben dem viktorianischen Signalturm setzte Dame Sibyl Hathaway ihren Haustieren ein Denkmal.

In der sog. **Kapelle** aus dem 19. Jh. dokumentieren große Bildtafeln die Geschichte der Seigneurie und ihrer Bewohner. Eine steinerne Handmühle aus dem 16. Jh. trägt die Initialen von Helier und Margaret de Carteret. Daneben sind vier Rauten eingraviert, das Wappen der Familie.

Hinter den meterhohen Mauern des **Gartens** taucht man ein in das berauschende Blütenmeer: Rosen akkurat in Buchs gefasst, füllige mehrjährige Stauden, in allen Farben und Formen Klematis und rankende Geranien, die das Grau der schützenden Mauern verhüllen. Den kleinen Irrgarten legte erst Seigneur Michael Beaumont mit dem Gedanken an jugendliche Besucher an.

🕐 Der Juni zählt zu den schönsten Blütenmonaten in der Seigneurie, wenn an warmen Tagen die Rosen ihren betörenden Duft verströmen und Schwertlilien in hinreißenden Schattierungen leuchten.
www.laseigneuriegardens.com | Ostern–Okt. tgl. 10–17 Uhr | Eintritt

4 £ | Führungen Mi 11.30 Uhr 6 £ inkl. Eintritt | Café-Restaurant Hathaways (▸ S. 108) am Eingang

9 St. Peter's Church

Mit dem Kauf ihrer Kirchenbank – die vorderste ist der Familie des Seigneurs vorbehalten – finanzierten die 40 »alten« Familien von Sark den Bau der anglikanischen Kirche, vollendet 1821. Ihre jeweiligen Wappen schmücken die Kissen. Ein Fenster auf der Südseite stellt St. Magloire dar, der die Insel christianisiert haben soll. Alle bedeutenden Aspekte und Monumente der Insel umfasst der Bildteppich links.

ÜBERNACHTEN

Ein gutes Dutzend privater Vermieter bietet Zimmer und Ferienwohnungen. Auskunft gibt das Sark-Tourism-Büro (▸ S. 109).

10 Dixcart Hotel

Auf Victor Hugos Spuren – Boutiquehotel in einem edel renovierten Gebäudekomplex, dessen Kern aus dem 16. Jh. stammt. Victor Hugo logierte hier bevorzugt unter dem Dach. Von dem herrlich grünen Tal führt ein Pfad vorbei an neuen Weinbergen zur Dixcart Bay, in der man Baden kann.
Dixcart Lane | Tel. 83 28 32 | www. dixcarthotel.sarkislandhotels.com | April–Anfang Okt. | 19 Zimmer | €€€€

11 Stocks Hotel 🚩

Landhauseleganz – In Sarks grünem Herzen hat die Renovierung des Traditionshotels ein völlig neues Flair geschaffen. Um die drei stattlichen Gutsgebäude aus dem 18. Jh. gruppieren sich großzügige Außenbereiche mit

Pool, Restaurantterrassen sowie einer alten Apfelpresse unter Bäumen. Die Ausstattung verbindet Schlichtheit mit englischer Vorliebe für florale Muster. Ein Hotel für besondere Anlässe.

Tel. 83 20 01 | www.stockshotel.com | 23 Zimmer | €€€€

ESSEN UND TRINKEN

Alle genannten Hotels verfügen über beste Restaurants.

RESTAURANTS

12 Beau Sejour

Ländlich – Nach dem Motto »surf and turf«, Köstliches aus dem Meer und vom Land, kreiert die Küche leckere Gerichte. Hummer oder Krebse stehen regelmäßig auf der Karte. Ob im Garten oder im hellen Gastraum des ehemaligen Gutshauses, der Service steigert das Vergnügen hier zu essen.

Tel. 0 77 81/44 64 37 | Ostern–Sept. Mi–Mo 12–14.30, 18–21 Uhr

13 Fleur du Jardin

Fish & Chips im Garten – Imbisslokal mit legerer Atmosphäre; leckere, selbst gebackene Kuchen.

The Avenue | Tel. 83 22 55 | Sommer tgl. 11–15 Uhr, teils auch abends | €

Das Fenster im Felsen 7

Durch ein üppig grünes Tal wandern Sie zum Felsenfenster. Das als Attraktion für Touristen im Jahr 1850 in den Felsen gesprengte Rechteck rahmt das Porträt der steil aufragenden Les Autelets, was im Französischen soviel wie »die Altäre« bedeutet (▶ S. 15).

---

14 Hathaways

Blick ins Grüne – Die sonnige Terrasse ist der Trumpf des Restaurants in der früheren Remise der Seigneurie. Das Angebot an Salaten, Sandwiches oder Fish & Chips ist ideal für ein kleines Mittagsmahl. Bei kühlem Wetter mittags drinnen nur Restaurantbetrieb.

Seigneurie | Tel. 83 22 09 | Ostern–Okt. tgl. 10–22 Uhr | €€

15 Hugo's Bar & Bistro

Legeres Ambiente mit Musik – Ein gepflegtes Bistro für leichte, regionale Gerichte, vor allem mit Fisch wie Steinköhler (pollock) oder Krebsen. Adrett gedeckte Tische im Freien. Regelmäßig Livemusik.

Dixcart Hotel, Dixcart Valley | Tel. 83 20 42 | Ostern–Ende Sept. tgl. 10 Uhr bis spät abends | €€

16 La Moinerie Restaurant & Hotel

Schlemmeradresse – Tafeln Sie Jakobsmuscheln oder Schweinebraten mit Honigglasur in einem Bauernhaus von 1728, dessen Räume beinahe mittelalterlich anmuten. Wenn es das Wetter im Sommer erlaubt, verwandelt sich die weite Rasenfläche zum Al-Fresco-Restaurant im Schatten majestätischer Baumkronen, und die Gäste sitzen entlang der blumenbunten Mauern.

Restaurant Tel. 83 29 89 | www. lamoinerie.sarkislandhotels.com | tgl. 12–14.30, 18.30–21.30 Uhr | €€€

CAFÉS

17 Sue's Tea Garden

Süße Verführung – Idyllisches Gartencafé für den Mittagsimbiss und auch ideal, um nach dem La-Coupée-Ausflug seinen Nachmittagstee und köstliche Backwaren zu genießen.

Cae de Mat (Straße nach Little Sark) | Tel. 83 21 07 | Ostern–Okt. Do, Fr 10–16.30 Uhr | €

18 Sunflower Café

Ohne Schnörkel – Ehrenamtliche Mitarbeiter servieren hier flink und zuvorkommend die schlichten, schmackhaften Gerichte zu sehr zivilen Preisen.

Island Hall | Tel. 83 26 66 | €

KNEIPEN

19 Bel Air Inn

Pubkultur – Mögen im Sommer auch Touristen die Hauptkunden auf der Terrasse sein, so ist dieses urige Pub dennoch Treffpunkt der Einheimischen.

Harbour Hill | Tel. 83 20 52 | €

EINKAUFEN

The Avenue, zwischen Harbour Hill im Osten und dem Tourist Office im Westen, ist die Hauptschlagader von Sark, an der fast sämtliche Geschäfte und die meisten Lokale liegen.

20 Boulangerie Victor Hugo

Knuspriges Baguette und herzhafte Quiches, viel Süßes sowie warme und kalte Getränke zum Mitnehmen – ideal, um für ein Picknick einzukaufen.

The Avenue | tgl. außer Mi 8–17 Uhr

21 Caragh Chocolates & Tea Garden

Von Hand gemachte Pralinen lassen in der kleinen Manufaktur jeden Widerstand dahinschmelzen … Im Sommer auch Café mit Imbiss.

Cae de Mat (Straße nach Little Sark) | Tel. 83 27 03 | www.caraghchocolates.com | Sommer tgl. 10–17 Uhr

22 Lorraine's Pottery & Jewelry Shop ▶ S. 37

SERVICE

Fähren

Ganzjährig ab/bis Guernsey, 50 Min. | Tel. 72 40 59 | www.sarkshipping.info April–Mitte Sept. 2- bis 3-mal wöchentlich ab Jersey, 1 Std. | www.manche-iles-express.com

Fahrräder und Kutschen

Avenue Cycle Hire | The Avenue | Tel. 83 21 02 | www.avenuecyclesark.co.uk | Fahrräder ca. 8 £ pro Tag
A to B Cycles | gegenüber Mermaid Tavern | Tel. 83 28 44 | www.atobcycles.com
Kutschfahrten ab Sammelplatz am Harbour Hill, 1 1/2 Std. ca. 12,50 £ pro Person
Philip Perée | Tel. 0 77 81/10 60 58
Danny Wakley | Tel. 0 77 81/11 33 86
Sark Carriages | Tel. 83 20 27 | www.sarkcarriages.co.uk

Sark Tourism

Hier erhalten Sie allgemeine Auskünfte sowie Hilfe bei der Buchung von Unterkünften. Interessante naturkundliche Ausstellung.

The Avenue | Tel. 83 23 45 | www.sark.co.uk | Mo–Fr/Sa variabel je nach Saison ab 9/10 Uhr bis 13/16.30 Uhr oder Juli/Aug. 17 Uhr, März–Okt. So 11–13 Uhr

Über Sark Tourism Buchung der »Garden Walks« mit Teepause am Ende.

Mai–Mitte Sept. Fr ca. 14 Uhr

Küsten-Bootstouren mit George Guille.

Tel. 83 21 07 | Termine nach Vereinbarung | ca. 3 Std. | 28 £

Traktortransport vom Hafen ins Dorf von und zu den Fähren.

1 £ pro Fahrt

HERM

*Ein zauberhafter Muschelstrand, schroffe Vogelklippen, ein
schmuckes Hotel gebettet in blühende Gärten und nicht zu vergessen
das Pub – das 100 Einwohner beherbergende Herm ist ein
Kaleidoskop des Archipels en miniature.*

Nur 20 Bootsminuten trennen die kleine Insel Herm von Guernsey. Dennoch taucht man in eine andere Welt ein: 2,5 km lang, 800 m breit und
frei von Autos oder Fahrrädern. Herm ist eine Oase der Ruhe, selbst
wenn im Sommer tagsüber einige Hundert Touristen zu Gast sind. Der
flache Norden begeistert mit langen Sandstränden, der Süden der Insel
erhebt sich bis auf 70 m am dramatischen Point Sauzebourge und lädt zu
einer Klippenwanderung ein.

WO EINST DIE GOUVERNEURE JAGTEN

Seit 1949 wird die Insel von privaten Pächtern verwaltet. Bevor die States
of Guernsey Herm im Jahr 1946 für 15 000 £ von der britischen Krone
kauften, hatte es den Gouverneuren des Bailiwick als Jagdrevier gedient.
Im 19. Jh. wurden Granit, Kupfer- und Silbererze abgebaut; danach über-

◀ Auf nur 2,5 km Länge vereint Herm
(▶ S. 110) die ganze Vielfalt der Kanalinseln.

...ließ die britische Krone die Insel verschiedenen Pächtern. Einer war Gebhard Prinz Blücher von Wahlstatt, ein Nachfahre des gleichnamigen deutschen Freiheitshelden aus den napoleonischen Kriegen. Er ließ 1889–1914 das Wegenetz anlegen und Le Manoir, das Gutsherrenhaus, ausbauen.

Sein heutiges Gesicht verdankt Herm der Familie Woods, welche die Insel ab 1949 gepachtet hatte. Seit 2008 obliegt das Management der Familie Singer im Auftrag einer gemeinnützigen Stiftung. Sie kümmert sich um alle Geschäfte, Restaurants und sonstige Betriebe. Der Versorgung der etwa 55 ständigen Bewohner dienen ein Dieselkraftwerk, ein eigenes Wasserpumpensystem, ein Kindergarten und die Grundschule. Auf Herm ist ein echtes Gemeinwesen entstanden, das im Sommer auch einige Dutzend saisonale Mitarbeiter einschließt. Darin unterscheidet es sich vom kleineren Jethou in Privatbesitz. Dort gewährt Sir Peter Ogden nur Ornithologen Zutritt, denn, wie Herm, ist die Insel Brutplatz der hier seltenen Papageitaucher (»puffins«) sowie vieler anderer Seevögel.

SEHENSWERTES

Gartentour des Chefgärtners

Charmant und unterhaltsam führt Brett Moore seine Gäste durch die einmalige Flora der Insel. So plaudert er nicht nur über die heimischen Gewächse, in den zwei Stunden der Tour gibt er auch Tipps für die Pflege von exotischen Pflanzen und erläutert seine gestalterischen Ideen. Immerhin gewann Herm 2002, 2008 und 2012 in der Sparte »Coastal Resorts« Gold im Wettbewerb »Britain in Bloom« der Royal Horticultural Society. Am Ende haben Sie die Gelegenheit zum Pflanzenkauf.

Tel. 72 13 79 | Mitte April–Mitte Sept., Di 11 Uhr | Ticket 7,50 £

❶ Herm Common – Robert's Cross Dolmen

Auf dem renaturierten Dünenareal des Herm Common im Inselnorden sind die Überreste etwa 5500–4000 Jahre alter jungsteinzeitlicher Megalithgräber zu finden. Ihr Zustand variiert beträchtlich, denn die Steine waren willkommenes Material für den Hausbau im 19. Jh. Am besten erhalten ist das Grab am Robert's Cross. Ein von den Fischern als Seemarke genutzter Menhir, genannt »Pierre aux Rats«, verschwand ebenfalls in der Zeit des Granitabbaus. Ihn ersetzte im 19. Jh. der Obelisk.

Frei zugänglich

History alive

Wie mögen die Erbauer des Dolmens gelebt haben? Wo haben Piraten Unterschlupf gesucht? Auf den spannenden Abendführungen von Annette Henry wird auf Herm (und Guernsey) der von Geheimnissen umwitterte Alltag vergangener Jahrhunderte lebendig. Die Touren schließen ein Essen in der Mermaid Tavern ein.

Führungen auf Herm Mai–Aug., weitere auf Guernsey, teils ganzjährig | Tel. 26 37 55, 0 77 81/41 38 93 | www.annettehenrytours.gg | Dauer 2–2,5 Std

🟠 Shell Beach und die Strände des Nordens

Der feinsandige, 1 km lange »Muschelstrand« im Nordosten der Insel läuft allen den Rang ab. Hier spült der Golfstrom ständig neue Muscheln an. Über 150 Arten wurden bisher gezählt. Sie zu entdecken, macht nicht nur bei Badewetter enormen Spaß.

Zu entspannenden Strandwanderungen bei Ebbe laden **Fisherman's Beach** und **Bear's Beach** im Westen sowie **Mouisonnière Beach** im Norden ein. Hohe Felsen umschließen die bezaubernde **Belvoir Bay**, die perfekte Idylle für ein Bad in den Wellen.

Am Shell Beach stehen im Sommer Kajaks von Outdoor Guernsey für kurze Paddeltrips zur Verfügung | Tel. 26 76 27 | www.outdoorguernsey.co.uk | ab 10 £ pro Stunde

🟢 St. Tugual's Chapel & Le Manoir

Im 11. Jh. hatte der normannische Herzog Robert die Insel den Benediktinermönchen von Mont St-Michel überlassen. Sie bauten eine einfache Kapelle, die später als Waschhaus diente. Die vier Glasfenster sind Arbeiten aus Exeter, welche die Familie Woods in Auftrag gab. Sie zeigen Christus, der den Sturm besänftigt und die Fischer aufruft, ihm zu folgen, sowie Samuel im Tempel und Noah und die Arche.

Die Kapelle gehört zum Gutshaus Le Manoir, das auf das 15. Jh. zurückgeht. Erst Prinz Blücher baute die Mühle zum Aussichtsturm aus.

Nur Kapelle frei zugänglich

ÜBERNACHTEN

🟢 The White House Hotel

Stimmungsvoll – Familienfreundliches Landhaushotel am Hafen mit Garten, Pool und Tennisplatz. Nur Halbpension.

Ostern–Anfang Okt. | Tel. 75 00 75 | www.herm.com | 40 Zimmer | €€€

Cottages und Ferienwohnungen für zwei bis acht Personen

Zentrale Vermittlung: Tel. 75 00 00 | ganzjährig verfügbar | reservations@herm.com

ESSEN UND TRINKEN

Die **Strandcafés** am Shell Beach und an der Belvoir Bay servieren mittags kleine Snacks. Ein einfaches Mittagessen bekommt man z. B. in der **Mermaid Tavern** (€, ganzjährig geöffnet). Im **Black Rock Grill** (€€) macht die Zubereitung der Speisen auf heißen Vulkansteinen die Mahlzeit zum Erlebnis. Mittags und abends geöffnet ist das gepflegte **Conservatory Restaurant** (€€)

Herm

des **White House Hotels**. Im Stil einer Brasserie ist **The Ship Inn** (€€, ebenfalls im Hotel) mit seiner windgeschützten Terrasse gemütlich und leger.

🕐 Den Herm-Tagesausflug in den Abend hinein auszudehnen und bei einem Dinner den Sonnuntergang über Guernsey zu beobachten, hat besonderen Reiz.

Auskünfte und Buchungen für alle Lokale: Tel. 0 14 81/75 00 75 | www.herm.com/wine-and-dine | Mermaid Tavern ganzjährig geöffnet, die Lokale im White House Hotel nur Ostern–Anfang Okt.

SERVICE

Auskünfte erhält man ausschließlich telefonisch oder per E-Mail.

Vermittlung von Apartments und Ferienhäusern | Tel. 75 00 00 | www.herm.com

Travel Trident St. Peter Port

Je nach Tidenstand legen die Fähren im Hafen oder an den pittoresken Rosaire Steps weiter südlich an.

Fährbetrieb ab und nach Guernsey, Weighbridge | Tel. 72 13 79 | www.traveltrident.com

Im Fokus
Die Inseln in grauer Vorzeit

Liegen die winzigen Kanalinseln auch am Westrand des europäischen Kontinents, so waren sie dennoch über mehr als 250 000 Jahre bedeutende Siedlungszentren der Jäger-und-Sammler-Kulturen und sind noch heute ein ergiebiges Forschungsgebiet für Archäologen.

Der Sommer 2013 rückte Jersey ins Rampenlicht – in Kreisen der Neandertalforschung. Dass die Insel zu den ältesten Jagdgründen der paläolithischen Vorzeitmenschen gehörte, war seit den ersten Ausgrabungen 1910–1914 in der Höhle von La Cotte de St. Brelade bekannt. Damals entdeckte das Team des Ethnologen Robert R. Marett 250 000 Jahre alte Spuren menschlicher Aktivitäten wie Speerspitzen und Tierknochen. Ferner konnte der Teil eines Unterkiefers mit Zähnen aus den lehmigen Ablagerungen bei der Höhle im Osten der St. Brelade's Bay geborgen werden. Er stammt von einem Neandertalmädchen.

NEANDERTAL-JERSEY
Neueste Grabungen seit 2011 ergaben zum großen Erstaunen der Wissenschaftler, dass La Cotte über Hunderttausende von Jahren genutzt wurde und den Neandertalern noch Schutz bot, als sie andernorts bereits ausgestorben waren. Jersey lag am nordwestlichen Rand des Verbreitungsge-

◄ Guernseys (► S. 86) neolithischer Dolmen
Le Déhus wird auf 5000 v. Chr. datiert.

bietes dieser Jäger- und Sammlergruppen. Sie hatten sich den unterschiedlichen Klimabedingungen von Warm- und Eiszeiten angepasst und folgten den jahreszeitlichen Zügen der Herden von Mammuts, Nashörnern, Pferden, Rentieren und Rotwild. Sie waren keineswegs reine Höhlenbewohner, wie lange Zeit angenommen. Die Ablagerungen in Höhlen blieben lediglich besser erhalten als andernorts, wo die Hütten aus Naturmaterialien schnell zerstört waren. Die Vorzeitjäger hatten vermutlich ein sehr ausgeprägtes Gehör und Sehvermögen, vor allem in der Dämmerung, und Speerspitzen scharf wie Rasiermesser.

Während der Eiszeiten überzog nicht wie im Norden Deutschlands oder im Alpenraum ein Eispanzer das Land. Im Gebiet der Inseln streiften Mammuts und Wollnashörner über eine Tundra, eine Kältesteppe, deren Grasflächen von lichten Gehölzen mit Birken, Erlen und Haselnuss unterbrochen waren. Die Atlantikküste lag westlich von Guernsey, denn der Meeresspiegel war um bis zu 130 m abgesunken.

Die jüngst bei La Cotte gefundenen Tierknochen stellen auch die alte Theorie in Frage, dass die Neandertaler Herden über die Klippen in den Tod gehetzt haben, um sie dann am Fuß der Steilfelsen zu schlachten. Haben sie nicht eher die Tiere in die Schlucht unterhalb der Höhle getrieben, wo sie eingekesselt im Speerhagel starben? Es fehlen nämlich Hinweise auf zerschmetterte Knochen, die auf einen Sturz aus großer Höhe schließen lassen. In der Gesamtheit zählt La Cotte zu den weltweit reichsten Fundstellen der Steinzeit mit 200 000 Steinwerkzeugen, mehr als in ganz Großbritannien.

Das Team der Archäologen um Dr. Matt Pope und Dr. Martin Bates setzt große Erwartungen in weitere Grabungen, etwa in Little Portelet, der Bucht nördlich von Mont Orgueil Castle in Gorey. Dort bergen die eiszeitlichen Tonschichten neolithische Werkzeuge, vermutlich Spuren einer primitiven Siedlung. Hoffnungen bestehen auch, Wissenslücken zu schließen, wie sich das Vordringen des Homo sapiens in die Welt der Neandertaler gestaltete.

DIE MEISTER DER HINKELSTEINE

Eine große Zeitspanne besteht zwischen dem Verschwinden der Neandertaler, lange vor dem Höhepunkt der letzten Eiszeit (vor 21 000 Jahren), und dem Entstehen der Megalithbauten. In der Diskussion der europäischen

Megalithkulturen stehen die Kanalinseln selten im Vordergrund. Die Monumente der Bretagne und Stonehenge etwa scheinen weit prominenter. Dabei verdienen Inseldolmen und Menhire durchaus Aufmerksamkeit.

Die ältesten Spuren von Kultbauten datieren aus dem fünften Jahrtausend v. Chr., als alle Kanalinseln durch den postglazialen Anstieg des Meeresniveaus von Wasser umgeben waren. Ob sie mit primitiven Booten, möglicherweise Einbäumen, vom Kontinent gekommen waren oder sich mit der vordringenden See auf die Inseln zurückgezogen hatten, bleibt im Dunkeln. Gleichfalls, wie die Gesellschaft der Erbauer der Hünengräber strukturiert war. Sicherlich waren es kleine Gruppen, Familienverbände, die vorwiegend entlang den Küsten als Jäger und Sammler ihr Leben bestritten und allmählich sesshaft wurden.

Funde fein gearbeiteter Speerspitzen aus Feuerstein legen einen Austausch mit den Küsten Frankreichs nahe, denn auf den Kanalinseln gibt es keine natürlichen Vorkommen von »flint«. Als 1986 in St. Ouen ein 7000 Jahre alter, 16 cm großer, flacher Ring aus Jadeit, wie er nur in den Alpen vorkommt, entdeckt wurde, kamen erneut Fragen über die Wanderungsbewegungen der bronzezeitlichen Ethnien auf.

Die Verbindung mit dem Meer verkörpern reiche Funde von Napfmuscheln bei Skeletten, in Jersey auch von Europäischen Austern in einigen Ganggräbern. In Hougue Bie lagen auf dem Boden des Eingangs außerdem Knochen von Rindern, Schafen und Schweinen verstreut, wahrscheinlich Reste von Opfergaben. Brandspuren in einfachen Tongefäßen stützen die Vermutung, dass rituelle Handlungen zu Ehren einer Muttergottheit in Hougue Bie und in anderen Anlagen stattfanden.

Auch wenn Obelix die Hinkelsteine mit Leichtigkeit wuchtet, in der Realität war eine ausgefeilte Technik erforderlich. Auf Guernsey brachte der Transport eines 28 t schweren Menhirs das Projekt »Millenium Stone« fast zum Scheitern. Plan war, den in L'Ancresse Common gefundenen, etwa sieben Meter hohen Klotz auf der Anhöhe nahe La Varde, dem größten Dolmen auf Guernsey, aufzustellen. Wurde die Technik des 21. Jh. hier beinahe in die Knie gezwungen, wie haben dann die Vorzeitmenschen Decksteine von bis zu 20 t Gewicht bewegt? Plausibel scheint der Einsatz von Rollen, Seilen und Rampen sowie unzähligen Menschen.

MIT BLICK AUFS MEER

Betrachtet man die Lage der Stätten, so ist ihnen in der Regel eine erhöhte Position gemein – und die Aussicht aufs Meer, selbst auf den kleinen Inseln Sark und Herm. Wie Perlen einer Kette liegen die Dolmen aufgereiht an den Westküsten von Guernsey und Jersey, wobei Letztere noch weitere, Hougue Bie eingeschlossen, an der Süd- und Nordostküste aufweist.

Mitte der 1990er-Jahre machte Jersey Schlagzeilen, als Grabungsarbeiten am Grabhügel von Hougue Bie zur Entdeckung des Eingangs und weitreichenden Erkenntnissen über die Struktur der megalithischen Kultstätte führten. Den Kern des original erhaltenen Hügels bildet das Ganggrab, das vermutlich primär als Ritualplatz diente – eine Art Kathedrale von Jersey. Im Gegensatz zu anderen Anlagen, die aus dem örtlichen Stein bestehen, versammelt Hougue Bie große Steinblöcke von acht Stellen im Südosten und dem rund 8 km entfernten Gebiet Mont Mado an der Nordküste. Sollte dies eine Bündelung magischer Kräfte vieler Orte symbolisieren? Und hatten nur Auserwählte Zutritt zu dem »heiligen« Raum. Nur demütig gebückt gelangt man in die Dolmen. Selbst die von ihren Körpermaßen her kleineren Bronzezeitmenschen konnten von außen nicht ohne weiteres verfolgen, was sich im Innern abspielte. Eine Abtrennung des letzten Raums durch eine mächtige Steinplatte legt dessen Funktion als Heiligtum, das nur ein Schamane betreten durfte, nahe.

JAHRTAUSENDEALTES ASTRONOMISCHES WISSEN

Die herausragende Bedeutung von Hougue Bie festigt die Tatsache, dass die Strahlen der aufgehenden Sonne an den Tagen der Tagundnachtgleiche (21. März und 23. September) durch den 20 m langen Gang bis auf den riesigen Schlussstein im Heiligtum fallen. Auch in den Megalithkulturen von Malta und der Bretagne – sowie später bei den Maya-Völkern Altmexikos – ist die Ausrichtung von Achsen herausragender Kultplätze auf besondere astronomische Punkte bekannt.

Über die megalithische Kernstruktur von Hougue Bie – und dies gilt für viele Dolmen – häuften die Erbauer einen Hügel aus Lesesteinen und festigten ihn mit einer Trockensteinmauer. Sie ist über Hougue Bie noch erhalten. Zudem wurden seitlich mehrere Lagen von Erdreich abgeböscht und jeweils mit Steinen umgeben und befestigt (auch bei Faldouet Dolmen, Jersey, zu sehen). Bei Anlagen wie Le Déhus und Le Creux es Faies in Guernsey festigt eine Ringmauer aus großen Orthostaten den Hügel.

Bis 2000 v. Chr. muss ein Wandel der Kulte eingetreten sein, Hougue Bie war vermutlich bereits 500 Jahre vorher verschlossen worden. Die Bedeutung einiger Kultplätze aber fand Eingang in den keltischen Kulturkreis und wurde ins Mittelalter überliefert. Sie galten als mystische Orte, nicht zuletzt als Versammlungsorte der Hexen. Die im 12. Jh. errichtete Kapelle von Hougue Bie sollte dem Berg seinen Zauber nehmen.

ALDERNEY

*Strahlend weiße Sandstrände heißen die Badegäste willkommen,
Forts laden zu historischen Erkundungen ein und in den Pubs knüpft
man mit den Einheimischen mühelos Kontakte. Schnell werden Sie
sich unter den 2400 Einwohnern heimisch fühlen.*

Mit einer Länge von gerade einmal 5300 m und einer Breite von 2400 m
ist Alderney die drittgrößte der Kanalinseln. Frankreichs Küste zeichnet
sich deutlich am östlichen Horizont ab, Cap de la Hague liegt nur 14 km
entfernt. Daher ist Braye Harbour ein beliebtes Ziel französischer Segler.
Die Insulaner leben heute überwiegend vom Tourismus; seit einigen Jahren haben sich zudem E-Commerce-Firmen (vorwiegend Wettbüros)
etabliert. Nur noch ein einziger Bauer hält Kühe. Aus der Milch werden
unter anderem Käse und köstliches Vanilleeis hergestellt.
Obwohl Alderney zum Bailiwick of Guernsey gehört, hat es dennoch sein
eigenes Parlament, das alle vier Wochen zusammentritt. Es gibt mehrere
Banken, ein Krankenhaus, Schulen und einige Kirchen. Insgesamt können über 900 Gäste in Hotels, Pensionen, verschiedenen Apartments und
auf dem Campingplatz untergebracht werden.

◀ Alderneys Braye Harbour (▶ S. 132) legt bei Ebbe das ein oder andere Segelboot trocken.

Alderney

Guernsey

Herm

Sark

Jersey

Archäologen können erst seit 2009 belegen, dass Römer zum Schutz des natürlichen Hafens in der Longis Bay ein kleines Fort errichteten, bekannt als The Nunnery. Bescheiden wirken die römischen Reste gegenüber mehr als einem Dutzend imposanter Küstenfestungen aus dem 18. und 19. Jh. Nach der »Battle of Jersey« 1781 fürchtete man auch in Alderney eine französische Invasion. Die zwischen 1847 und 1872 erbaute, über 1400 m lange Mole (»breakwater«) von Braye Harbour sollte der britischen Flotte bei Konflikten mit Frankreich Schutz bieten.

Auch die Deutsche Besatzungszeit während des Zweiten Weltkriegs hat auf der 1940 fast komplett evakuierten Insel ihre Spuren hinterlassen. Tausende Zwangsarbeiter mussten Bunker, Artillerie-Bastionen und Panzersperrmauern an den Buchten errichten. Auf Alderney befand sich ab 1943 das einzige Konzentrationslager der Kanalinseln – und auf britischem Boden. Es trug den Namen »Lager Sylt«.

Die Küstenszenerie ist zwar weniger dramatisch als die der Nachbarinseln, aber die weißen Sandsicheln der Buchten und das im Wechsel der Gezeiten überflutete Felsenwatt (Ramsar-Gebiet) bieten einen unvergesslichen Anblick. 1979 wurden Szenen des James-Bond-Films »Moonraker« an der Küste bei Fort Clonque gedreht. Wer abends spazieren geht, sieht möglicherweise einen der nur hier zu findenden blonden Igel.

LIEBENSWÜRDIGKEIT MACHT DEN UNTERSCHIED

Ein kleines Highlight ist das Städtchen St. Anne mit seinen freundlichen Straßen. Vor allem aber machen die Menschen die Insel Alderney so sympathisch. Die Pubs sind länger geöffnet als auf den Nachbarinseln, und schnell kennt man einige Gesichter, sodass es einem bald wie den Einheimischen ergeht: Sie fahren nur einhändig Auto – die zweite Hand brauchen sie zum Grüßen. Das entspannte Leben auf der Insel bringt immer wieder VIPs auf die Insel. Eine von ihnen war Elisabeth Beresford (1926–2010), die Autorin der Kinderbuchreihe »Wombles«. Sie lebte und arbeitete hier mehr als 30 Jahre.

ST. ANNE

Inselkarte ▶ S. 121
2000 Einwohner

Der einzige Ort auf einer Anhöhe im Innern der Insel verströmt den Charme eines beschaulichen englischen Landstädtchens, obwohl die meisten Gebäude noch keine 150 Jahre stehen. In der Victoria Street liegen alle wichtigen Institutionen versammelt: Lokale, das Tourismusbüro, das Postamt und die anglikanische St. Anne's Church (1850) inmitten eines stimmungsvollen Friedhofs. Der Stolz der Gemeinde sind die modernen Glasfenster. Die Victoria Street mündet in die High Street, wo rechter Hand das Museum zu einem kulturellen Exkurs einlädt.

MUSEEN UND GALERIEN

Alderney Society Museum ▶ S. 121, b 2

Man erlebt eine interessante (wenngleich nicht ganz moderne) Präsentation zur Inselgeschichte. Sie beleuchtet die prähistorische Zeit und reicht bis in die Gegenwart. Bemerkenswert sind die 1992 gehobenen Wrackteile eines Schiffes aus elisabethanischer Zeit (www.alderneywreck.com).
High St. | April–Okt. tgl. 10–12, Mo–Sa auch 14.30–16.30 Uhr | Eintritt 2 £

ÜBERNACHTEN

Farm Court ♿ ▶ S. 121, b 2

Geschmackvoll künstlerisch – Pension (mit einer zusätzlichen großen Ferienwohnung) in den Granitgebäuden eines alten Bauernhofs. Bei schönem Wetter sitzt man windgeschützt im Garten umgeben von betagten Mauern.
Les Mouriaux | Tel. 82 20 75 | www.farmcourt-alderney.co.uk | 10 Zimmer | ♿ | €€

The Georgian House ▶ S. 120

St. Ann's Guest House ▶ S. 121, b 2

Viktorianisch charmant – Kleine Pension in einem hübschen Stadthaus mit individueller Einrichtung. In der Lounge fühlt man sich wie zu Königin Viktorias Zeiten. Abendessen möglich.
10 Huret | Tel. 82 31 45 | www.harbourguides.com/stannesguesthouse | 3 Zimmer | €

Alderney Accommodation ▶ S. 121, b 1

Die Agentur vermittelt private Apartments und Ferienhäuser für unterschiedlichste Ansprüche.
16 Victoria St. | Tel. 82 33 32 | www.alderney-accommodation.com | €€

ESSEN UND TRINKEN

RESTAURANTS

Bumps Eating House ▶ S. 121, b 2

Ambitionierte Küche – So gut wie früher in Braye Harbour bereitet Eddie Naish in seinem neuen Lokal Fisch mit Pommes sowie Steaks zu. Daneben verleiht er englischen Klassikern eine kreative Note. Garten für sonnige Tage.
Victoria St. (hinter Nellie Gray's) | Tel. 82 31 97 | Di–So 12–14, 19–21.30 Uhr, So abends und Mo geschl. | Reservierung empfohlen | €€

The Georgian House ▶ S. 121, b 2

Der Klassiker – Das Stadthaus im georgianischen Stil ist nicht nur ein Hotel, sondern vor allem eines der beliebtesten Restaurants der Insel – nicht zuletzt wegen der Terrasse und dem Wintergarten. Hierhin laden die Einheimischen zu besonderen Anlässen ein. Ob Steak-Sandwich oder edler Fisch, dem Gaumen wird's gefallen.

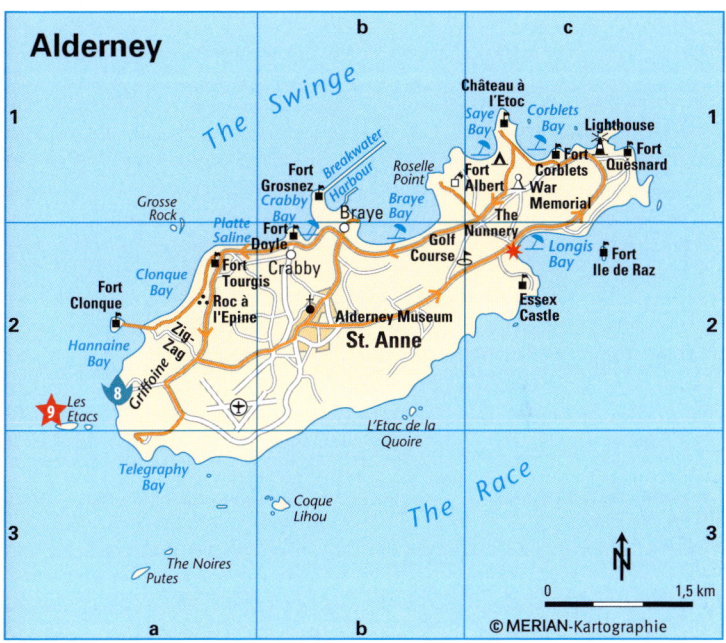

In den vier Zimmern finden moderner Komfort und Nostalgie zusammen.

Victoria St. | Tel. 82 24 71 | www.georgian alderney.com | Restaurant Di–So 12–14.30, 18–21 Uhr, Bar ab 10 Uhr, Snacks 14.30–18 Uhr | Reservierung empfohlen | €€

Gloria's Food ▶ S. 121, b 2

Mediterran – Ob Tapas, Pasta oder marokkanische Lamm-Tajine, immer stimmt die Mischung der Gewürze. Im Sommer luftige Plätze im Innenhof.

Albert Mews, Ollivier St. | Tel. 82 25 00 | www.gloriasfood.co.uk | Mo–Sa 9.30–14, 19–21 Uhr | €€

Jack's Brasserie ▶ S. 121, b 2

Bistro-Stil – Die richtige Adresse für einen leichten Mittagsimbiss oder am

Abend feine Seafood-Gerichte. Attraktive Terrasse.

Victoria St. (unteres Ende) | Tel. 82 39 33 | im Sommer tgl. | €

KNEIPEN

The Coronation Inn ▶ S. 121, b 2

Pubklassiker – Populäres Lokal, vor allem freitags und am Wochenende.

36 High St. | Tel. 82 26 30 | Mo–Sa 10–24, So 8–23.30 Uhr | €

EINKAUFEN

Alderney Post Office ▶ S. 121, b 2

Integriert in Richards Newsagents, ist die Post eine Fundgrube für Alderney- und Guernsey-Briefmarken mit ungewöhnlichen Motiven. Auch die »Wombles« lachten schon von den Marken.

18 Victoria St. | www.guernseystamps.com

SERVICE

Alderney Wildlife Trust Ltd

Wanderungen und Touren zur Vogelbeobachtung (ab vier bis fünf Pers.), u. a. per Boot zu den Inseln Burhou und Les Etacs. Im Sommer Wildlife Festival.

51 Victoria St. (neben Infobüro) | Tel. 82 29 35 | www.alderneywildlife.org

Angelausflüge und -ausrüstung

Alderney Angling & Sports, Mark Harding | 32 Victoria St. | Tel. 82 48 84 | www.alderneyangling.com

Fahrradvermietung und geführte Touren

Cycle & Surf | Les Rocquettes | Tel. 82 22 86 | www.cycleandsurf.co.uk

Visitor Information Centre

51 Victoria St. | Tel. 82 37 37, 82 23 33 | www.visitalderney.com | tgl. 10–12, Mo–Sa 14–16 Uhr, im Winter zeitweilig Sa morgens und So geschl.; auf der Internetseite Gezeitenkalender zum Herunterladen

Ziele in der Umgebung

◎ ALDERNEY RAILWAY

Der einzige noch befahrene Schienenstrang auf den Kanalinseln führt von Braye Harbour in den Granitsteinbruch Mannez Quarry. Er stammt aus dem Jahr 1847. Damals wurde er für den Transport der Granitblöcke beim Bau der Mole an der Braye Bay verlegt. Heute zieht sonntagnachmittags zwischen Ostern und September (im Juli/August auch samstags) eine Diesellok zwei alte rote Waggons der Londoner U-Bahn über die Schienen. Ein kurzer Spaziergang verbindet die Endstation mit Mannez Lighthouse (▶ S. 124).

www.alderneyrailway.com | Erw. 5 £, Kinder 2,50 £

1 km nördlich von St. Anne

◎ »ALDERNEY STONES«   ▶ S. 121

Seit April 2011 ist Alderney Schauplatz des Projekts »Alderney Stones« des britischen Land-Art-Künstlers Andy Goldsworthy. Er fertigte elf mannshohe Kugeln aus verdichtetem Ton und bettete in diese charakteristische Elemente der Insel, die er selbst gefunden hatte: Taue, Ketten, Gummihandschuhe und rund geschliffene Ziegelstückchen vom Strand, Brombeeren, Getreidegarben, Stacheldraht oder Mohnblüten. Goldsworthy platzierte die Kugeln an für die Geschichte und Natur der Insel bedeutenden Stellen. Fast überall waren und sind sie den Elementen ausgesetzt. Den Breakwater Stone in Braye Harbour hatte das Spritzwasser der Brecher schon im August 2011 (also bereits vier Monate nach Beginn des Projekts) zermürbt.

Auf einer 15 km langen Küstenroute (Route 8 von Visit Alderney) kann man zu den »Alderney Stones« wandern. Eine Fotodokumentation über die Verwitterung und weitere Informationen auf www.alderneystones.com.

1–3 km von St. Anne in allen Himmelsrichtungen

Basstölpel ganz nah

Beobachten Sie die Kolonie von mehr als 5700 Basstölpeln, die auf den Alderney vorgelagerten Inselchen Les Etacs nisten (▶ S. 15).

Die Inseleisenbahn Alderney Railway (▶ S. 122) führt ca. zwei Kilometer an der Küste der Insel entlang. Die Diesellok zieht heute alte Waggons der Londoner U-Bahn.

◎ BURHOU ISLAND

Das Inselchen ist ein Vogelschutzgebiet innerhalb der Ramsar Wetland Area, die sich über 1800 ha vom Felsenwatt der Südwestküste bis über Burhou hinaus erstreckt. Dort brüten die putzigen Papageitaucher (puffins). Das Betreten ist nur Ornithologen gestattet, doch kann man die Vögel über eine Webcam des Alderney Wildlife Trust verfolgen.
Im Sommer Touren mit Alderney Wildlife Trust (▶ S. 122) | www.burhou.com
3,2 km nordwestlich von St. Anne

◎ COUNTRYSIDE INTERPRETATION CENTRE ▶ S. 121, b 2

Am Rand des **Val du Sau Nature Reserve**, das Waldland und ein Klippengebiet schützt, dient ein Bunker aus dem Zweiten Weltkrieg als Informationsstelle über Natur und Geschichte.

Immer zugänglich | Eintritt frei
1 km südwestlich von St. Anne

◎ ESSEX CASTLE ▶ S. 121, c 2

Das ursprünglich elisabethanische Fort war bis zum Ende des 19. Jh. bemannt. Wie die übrigen Forts entstand es zwischen 1847 und 1855 unter der Leitung des Militärarchitekten F. W. D. Jervois neu. Bevorzugt verlieh er Bauten einen Hauch mittelalterlicher Trutzigkeit.
Privatbesitz | keine Besichtigung
2,1 km nordöstlich von St. Anne

◎ LES ETACS ⭐ 9 ▶ S. 121, a 2

300 m von der Küste entfernt sind dem westlichsten Punkt der Insel zwei Felsen vorgelagert. Mehr als 5700 Basstölpel (gannets) nisten auf ihnen, weitere 2000 auf dem 5 km entfernten Inselchen Ortac (insges. 2 % der globalen

Basstölpel-Population). Im Sommer ist die Luft von ihren Schreien erfüllt. Mit einem starken Fernglas kann man die großen Vögel von den Wegen entlang der Klippen gut beobachten. Näher heran kommt man während der Bootsausfüge, die im Sommer der Alderney Wildlife Trust (▶ S. 122) organisiert.

2 km südwestlich von St. Anne

◎ FORT ALBERT ▶ S. 121, b 1

Das verfallene Fort ist das größte der Insel. Es stammt aus dem 19. Jh. und ist nach dem deutschen Prinzgemahl von Königin Victoria benannt. Schöner Blick auf die Braye-Bucht.

Frei zugänglich

2,3 km nordöstlich von St. Anne

◎ HAMMOND MEMORIAL ▶ S. 121, c 1

Das Mahnmal an der Straße zur Corblets Bay entstand auf Initiative der Familie Hammond im Jahr 1966. Die Marmortafeln mit Texten in sechs Sprachen gedenken der ausländischen Zwangsarbeiter, die auf Alderney während der deutschen Besatzungszeit im Zweiten Weltkrieg zu Tode geschunden wurden. Unter unmenschlichen Bedingungen hatte man sie beim Bau der Bunker und Panzersperren eingesetzt. Nach Schätzungen kamen mehr als 700 Menschen in den Lagern von Alderney ums Leben.

2,3 km nordöstlich von St. Anne

◎ LONGIS BAY ▶ S. 121, c 2

Der Strand wird von einer 500 m langen Panzerabwehrmauer gesäumt, welche die deutsche Wehrmacht während des Zweiten Weltkriegs durch ausländische Zwangsarbeiter errichten ließ. Obenauf sitzt einer der »Alderney

Stones« von Andy Goldsworthy. Vom Strand aus kann man bei Ebbe über einen Dammweg zur **Ile de Raz** mit einer Festung aus dem Jahr 1854 (Privatbesitz) laufen. Nach Süden genießt man von dort den Blick auf die bizarren **Hanging Rocks**.

2,1 km nordöstlich von St. Anne

◎ MANNEZ LIGHTHOUSE ▶ S. 121, c 1

Mit seiner schwarzweißen Bemalung gehört der 32 m hohe Leuchtturm seit seiner Entstehung 1912 zu den Wahrzeichen von Alderney. 1976 wurde er elektrifiziert, 1997 automatisiert. Das Licht der 400 Watt starken Glühbirne reicht 28 Seemeilen weit. Ein gigantisches Nebelhorn tritt bei schlechter Sicht in Aktion.

Mannez Lighthouse ist für die Schifffahrt überaus bedeutend, da in der Meerespassage zwischen Alderney und Frankreich, genannt »The Race«, einer der stärksten Gezeitenströme Europas sowie der felsige Untergrund hohe Gefahren darstellen.

Quésnard Point | Führungen durch Alderney Wildlife Trust Mitte/Ende April– Ende Sept. So nachmittags | Erw. 4 £, Kinder 2 £

3 km nordöstlich von St. Anne

◎ THE NUNNERY ▶ S. 121, c 2

Im Süden von Longis Common erhebt sich eine kleine Festungsanlage, die im 16. Jh. Les Murs de Bas, die »unteren Mauern«, hieß – im Gegensatz zu Les Murs de Haut: Essex Castle. Neue archäologische Grabungen seit 2009 und Vergleiche mit römischen Signalstationen an der Küste von Yorkshire haben die Vermutung erhärtet, dass es sich bei The Nunnery, wörtlich das Frauenkloster, um eine vergleichbare Anlage aus dem 4. Jh. handelt. Im Innern der aus einfachen Lesesteinen gefügten Mauern entdeckte man Fundamente eines zentralen Turms mit 2,8 m dicken Mauern, wehrhaft wie der Hadrianswall, dessen Bastionen ähnlich mächtig sind. Das Fort sicherte den Hafen der Longis Bay und eine kleine römische Siedlung. Ihre Grundmauern liegen unter dem Sand der Bucht begraben. Privatbesitz, nur Außenbesichtigung. 2,1 km nordöstlich von St. Anne

ÜBERNACHTEN

Braye Beach Hotel

Moderne maritime Note – In den ehemaligen Bootshäusern, in deren oberen Etagen die Fischer lebten, entstand ein zauberhaftes Boutiquehotel im maritimen Stil. Von einigen Zimmern schweift der Blick über die weiße Sandsichel der Braye Beach. Braye Harbour | Tel. 82 43 00 | www. brayebeach.com | 27 Zimmer | €€€

Fort Corblets

Historische Mauern – Sowohl die Aussicht als auch das Ambiente in dem mächtigen Fort aus napoleonischer Zeit sind einzigartig. Fort Corblets | Tel. 82 37 30 | www.fortcorblets.com | 2 Wohnungen für je 4 Pers. | €€€

Harbour Lights

Sympathische Mittelklasse – Helle, schlichte Zimmer, abwechslungsreiche Küche und eine am Hang angelegte Sonnenterrasse mit Meerblick. Newtown Road | Tel. 0 77 81/13 56 16 | www.harbourlightsalderney.com | 9 Zimmer | €€

ESSEN UND TRINKEN

RESTAURANTS

The Braye Chippy

Bodenständig – Nach dem Besitzerwechsel 2013 ist zu hoffen, dass die neuen Betreiber des legendären Fish-&-Chips-Lokals die früher hohe Qualität der bei den »locals« und Seglern geschätzten Snackbar wieder erreichen. Braye Harbour | Tel. 82 34 75 | Do–Sa 17.30–20 Uhr | €

First & Last Restaurant ▶ S. 29

Old Barn Restaurant

Blütentraum – Das ideale Gartenlokal für Kuchen oder Scones am Nachmittag. Bei den »Sunday lunches« sitzen die Einheimischen am Nachbartisch. Longis Bay | Tel. 82 25 37 | im Sommer tgl. | €€

KNEIPEN

The Divers Inn

Treff der Einheimischen – Traditionelles Pub mit schöner Terrasse am Meer. Braye Harbour | Tel. 82 26 32 | Lunch 12–14.30, Dinner 19–21 Uhr | €

EINKAUFEN

Channel Jumper Shop

Geschäft der Strickwarenfabrik, die noch im traditionellen Stil die bekannt robusten Guernsey-Pullover herstellt. The Arches, Braye St. | Tel. 82 22 02 | www.channeljumper.com (für Online-Bestellungen)

SERVICE

Fahrradvermietung

Auto-Motion (auch E-Bikes verfügbar) | Braye Harbour | Tel. 82 33 52 | auto-motion@cwgsy.net

TOUREN
AUF DEN
KANALINSELN

Auf Guernsey befindet sich zwischen hohen Felsen die beliebte Petit Bot Bay (▶ S. 93, 130).

CORBIÈRE WALK, JERSEY – WANDERN, WO EINST DIE EISENBAHN DAMPFTE

CHARAKTERISTIK: Nach einem spektakulären Auftakt an den Granitfelsen des Corbière Lighthouse geht es über eine Hochfläche in das pittoreske Hafenstädtchen St. Aubin. **DAUER:** ca. 1,5 Stunden **LÄNGE:** 6 km **EINKEHRTIPP:** Old Court 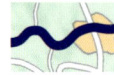 House Inn, St. Aubin's Harbour, www.oldcourthousejersey.com, Bar 11–23 Uhr, Küche 12.30–14.30, 18–20 Uhr, Pub €, Restaurant €€€

A/B 6

Das Eisenbahnzeitalter brach auf Jersey im Jahr 1870 mit der Eröffnung der Strecke zwischen St. Helier und St. Aubin an. 1885 wurde sie bis Corbière verlängert. Als der Zugbetrieb 1935 aus Rentabilitätsgründen eingestellt wurde, hat man die Schienen entfernt, doch auf der Bahntrasse kann man hervorragend wandern und ohne heftige Steigungen Fahrrad fahren. Selbst für Rollstühle ist der Weg geeignet. Die abwechslungsreiche Vegetation hat zu jeder Jahreszeit ihren Reiz, vor allem an heißen Sommertagen bieten die Kronen der Bäume willkommenen Schatten und etwas Kühle.

Im Licht von Corbière Lighthouse

Der öffentliche Bus bringt die Spaziergänger von St. Helier und St. Aubin nach Corbière an die Südwestspitze von Jersey. Der Wanderweg beginnt gegenüber der Bushaltestelle bei einer Telefonzelle. Der ursprüngliche Bahnhof hat sich längst zu einem modernen Privathaus gewandelt.

Wer etwas mehr Zeit hat, spaziert bei Ebbe sicher gerne zuerst über den Dammweg (»causeway«) zum **Corbière Lighthouse**. Der Name leitet sich vom französischen »corbeau« ab – Krähen sieht man hier oft zu Hunderten. Am 17. April 1874 in Betrieb genommen,

war der Leuchtturm der erste aus Beton in Großbritannien. Federführender Ingenieur der Unternehmens war der Brite Sir John Coode. Das Licht des Leuchtturms reicht 33 km weit.

In nur geringer Entfernung vom Corbière Lighthouse lief dennoch am 17. April 1995 die Katamaranfähre St-Malo auf dem Weg nach Sark auf einen Felsen. Der selbstlose Einsatz von Küstenwache und Privatpersonen rettete damals allen 300 Passagieren und Besatzungsmitgliedern das Leben. Zwei in Granit gemeißelte, ineinander verschlungene Hände erinnern an die Rettungsaktion.

Aus der Zeit der deutschen Besatzung 1940–1945 stammt der Funkleitturm, der heute über Jersey Heritage Lets als komfortable Ferienwohnung vermietet wird (bis sechs Personen, ▶ S. 24).

Table des Marthes ▶ St. Aubin

Zu Beginn des Weges sieht man einen 3,8 x 2 m großen, knapp 80 cm hohen Granitblock. Am **Table des Marthes**, so heißt der Stein, wurden im Mittelalter Verträge besiegelt. Als man ihn 1850 näher untersuchte, ruhte er an den Ecken auf Säulen aus Steinen und Erde. Im Umfeld entdeckte man neolithische Töpferwaren, zerbrochene Steinäxte und Steine mit Brandspuren. Die ur-

sprüngliche Bedeutung des Granit-
blocks bleibt jedoch unklar.

Für archäologisch Interessierte lohnt
sich schon vorher ein Abstecher zum
Dolmen **La Sergenté**. Folgen Sie am
Parkplatz von Corbière nordwärts dem
Küstenwanderweg. Der von großen
Steinplatten gesäumte Eingang des
Dolmens mündet in eine runde Kam-
mer mit einem Durchmesser von
3,3 m, über die sich ursprünglich ein
Steingewölbe spannte.

Die alte Bahntrasse quert ostwärts ein
landwirtschaftliches Gebiet mit Gemü-
sefeldern, später lichte Wäldchen. Auf
dem sandigen Untergrund halten sich
anspruchslose Kiefern und Pinien. Die
satten Grünflächen des Golfplatzes La
Moye heben sich markant von den Dünen ab, die das Panorama der St. Ouen's
Bay säumen. Bald darauf passiert man
das Gelände des Quevennais Sports
Centre, wo u. a. Kricket und Rugby gespielt werden.

Der Corbière Walk führt nördlich an
Red Houses in der Gemeinde St. Brelade vorbei. **Jersey Lavender** ist hier
nicht nur zur Lavendelblüte im Juni ein
lohnender Abstecher, denn das Café
serviert immer feine Gerichte und Kuchen mit Lavendelaroma. Im kleinen
Laden besticht die Auswahl der duftenden und hübsch mit Lavendelmotiven
dekorierten Artikel.

Sanft abwärts geht es danach in ein Tal
mit Ententeichen und Hortensien-
hecken, ehe man durch die Gassen von
St. Aubin den pittoresken Hafen erreicht. Der 1936 geschlossene Bahnhof
mit Hotel im Zuckerbäckerstil dient
heute als Rathaus (»Salle Paroissiale«)
der Gemeinde St. Brelade.

Bei Ebbe führt die Dammstraße entlang bizarrer Felsformationen zum Corbière Lighthouse
(▶ MERIAN TopTen, S. 73). Wechseln die Gezeiten, verschwindet der Weg in den Fluten.

KLIPPENWEG IN GUERNSEYS SÜDOSTEN ⑩ – AUF DEN SPUREN DER KÜNSTLER

CHARAKTERISTIK: Die beeindruckenden Felsformationen und die Küstenflora zwischen St. Peter Port und Petit Bôt Bay begeistern heute ebenso wie vor hundert Jahren berühmte Künstler und Naturliebhaber. **DAUER:** Halbtages- oder Tagesausflug **LÄNGE:** 10 km **EINKEHRTIPP:** The Auberge, Jerbourg Road, Tel. 0 14 81/

23 84 85, www.theauberge.gg, Mo–Sa 11–14.30, 18.30–23, So 11–14.30 Uhr €€€

 C 2

Die schönste Küstenwanderung auf Guernsey führt von St. Peter Port um die zerfranste Südostecke zur romantischen Petit Bôt Bay. Mehrfach bestehen Abkürzungen zu Bushaltestellen

St. Peter Port ▶ Doyle Column

Starten Sie in St. Peter Port bei den 150 Jahre alten, künstlichen Badepools der **Havelet Bay**. Im sanften Morgenlicht wanderte schon Victor Hugo zum Meer, um sich zu erfrischen. Heute treffen Sie hartgesottene Schwimmer auch in der kühlen Jahreszeit bei den Pools.

Treppen führen links vom Aquarium hinauf nach Fort George. Leicht bergan durch einen Hohlweg kommt man zu einer Straße, die an herrlich gelegenen Villen entlangführt. Wo ein Schild die Straße zur »Private Road« erklärt, beginnt links der Klippenpfad. Man passiert alsbald die 88 **Ozanne Steps** zum felsigen Ufer.

Victor Hugo liebte den Weg durch den Bluebell Wood voller Waldhyazinthen im Frühjahr. Am Fuß des trutzigen Beobachtungsturms der zauberhaften **Fermain Bay** ging er im türkisblauen Wasser baden. Als ein »Schauspiel voller Zauber« beschrieb er seine Eindrü-

cke. Im Sommer serviert ein schlichtes Café Getränke und Snacks. Der Pfad windet sich von der Fermain Bay wieder aufwärts. In Richtung St. Martin's Point wandert man bald auch über Privatgrund von **Le Mont Frie**.

Auf dem Plateau oberhalb der Klippen ist bereits Doyle Column auszumachen. Vorher aber wandern Sie zu St. Martin's Point teils durch einen schattigen Pinienwald abwärts. Dramatisch schiebt sich das Kap mit dem kleinen weißen Signalturm ins Meer. Der 2,35 Mrd. alte Icart Gneiss, eines der ältesten Gesteine der Erde, ist hier bizarr verwittert. Schmale Bänder von Perelle und Pea Stack Gneiss – benannt nach den markant vorragenden Felsbrocken im Meer bei Jerbourg Point – unterbrechen den grauschwarzen Fels des Gondwana-Urkontinents. An einer Gabelung nicht den Hauptpfad links abwärts nehmen, sondern einen Seitenpfad halbrechts aufwärts. Bei der nächsten Gabelung den Stufen nach oben folgen. Fortan geht es immer bergan.

Doyle Column ▶ Petit Bôt Bay

Eine gute Stunde nach dem Start von Fermain Bay hat man Jerbourg Point umrundet und steht bei **Doyle Co-lumn**. Auf das Ehrenmal für Guernseys federführenden General im Straßenbau finden sich abermals Bezüge bei Victor Hugo. Die Terrasse des Restaurants **The Auberge** bietet einen grandiosen Rundblick sowie die vorzügliche Gelegenheit, Mittag zu essen.

Bei Doyle Column überqueren Sie die Straße und den Parkplatz und biegen etwa 20 m hinter den Toiletten rechts ab auf einen Pfad, der Richtung **Le Petit Port** führt. »Der kleine Hafen« zählt zweifellos zu den schönsten und einsamsten Stränden der Insel. Entlang der Südküste fällt nun auf, dass das Hochplateau landwirtschaftlich genutzt wird, während die steilen Taleinschnitte bewaldet sind.

Im Tal von **Moulin Huet** schlängelt sich ein Weg (vorbei an einem Café) hinunter in die gleichnamige Bucht. Ihre Schönheit inspirierte 1883 Pierre-Auguste Renoir zu seinem von Licht erfüllten Gemälde »Kinder am Strand« (im Hintergrund die Pea Stacks, auch Les Tas de Pois d'Amont).

Um auf dem Klippenpfad zu bleiben, überquert man den Parkplatz und biegt nach links auf einen Waldweg ein. Er windet sich oberhalb der zerklüfteten Buchten und der markanten **Dog and Lion Rocks** zur engen **Saints Bay**. Weiter über **Icart Point** (Café, Toiletten) erreichen Sie die bezaubernde **Petit Bôt Bay**. Endlich können Sie am Strand die Füße kühlen oder sogar schwimmen. Der Wachturm setzt auch hier einen militärischen Akzent. Zum rustikalen Café mit gemütlichen Plätzen in der Sonne hat sich die Mühle gewandelt. Die Bushaltestelle ist nicht weit.

Wandern in eindrucksvoller Szenerie: Der lange Strand der Moulin Huet Bay (▶ S. 94) auf Guernsey ist nur zu Fuß über einen Klippenpfad zu erreichen.

ALDERNEY MIT DEM FAHRRAD ENT-DECKEN – INSELERKUNDUNG OHNE EILE

CHARAKTERISTIK: Sanfte Strände, alte Forts, bizarre Vogelfelsen und ein sympathisches Städtchen – Alderney bietet Abwechslung zwischen Natur und ein wenig Kultur. **DAUER:** ca. 3 Stunden (reine Fahrzeit) **LÄNGE:** 16 km **EINKEHRTIPP:**

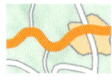 Georgian House, St. Anne, Tel. 0 14 81/82 24 71, www.georgianalderney. com, Di–So 10–21 Uhr €€

KARTE: S. 121

Diese Radtour, die abgewandelt auch mit dem Auto zu machen ist, lässt Sie Alderneys schönste Punkte an einem Tag erleben. Spannende Akzente setzt das Kunstprojekt »Alderney Stones« von Andy Goldsworthy (▸ S. 122). Da die Insel keineswegs flach ist, empfiehlt sich unter Umständen ein E-Bike.

Braye Harbour ▸ Les Etacs
Beginnen Sie die Rundfahrt am **Braye Harbour**, wo eine Fahrradvermietung auch E-Bikes anbietet. Zunächst geht es in Küstennähe nach Südwesten: von **Crabby Bay** und **Platte Saline**, die das felsige Kap von **Fort Doyle** voneinander trennt, zum mächtigen **Fort Tourgis**. Unterhalb dieser weitläufigen viktorianischen Kaserne aus dem 19. Jh. führt ein Sträßchen am Meer bis zum Dammweg nach **Fort Clonque** (Ferienapartments). Konditionsstarke Radler können für die weitere Strecke gleich hinter dem Dammansatz den steilen, holprigen Serpentinenweg hinauf zur windigen Hochfläche nehmen.

Länger, aber weniger anstrengend ist die normale Route: zurück zu Fort Tourgis, an der Gabelung rechts bergauf und vorbei am unscheinbaren Dolmen **Roc à L'Epine** (rechts). Rund 700 m weiter gabelt sich die Straße. Geradeaus kommt man in dem Heide-

und Moorgebiet Griffoine auf eine Wegschleife. Von den Steilfelsen an deren Endpunkt genießt man einen prächtigen Ausblick auf die 300 m entfernten Vogelfelsen **Les Etacs**. Auf engstem Raum brüten dort während des Sommers Tausende Basstölpel.

St. Anne ▸ Mannez Lighthouse
Wieder an der bereits erwähnten Gabelung, hält man sich rechts und gelangt (an der Zufahrt zum Flugplatz vorbei) in die heiter wirkende Hauptstadt **St. Anne**. Über den Marais Square und durch Le Huret rollen Sie zum historischen **Alderney Society Museum**. Weiter über die High Street sind Sie – falls nicht eines der Pubs zu einer Pause verlockt oder Sonderbriefmarken auf der Souvenirliste stehen – bald wieder draußen aus dem Städtchen.

Die Longis Road führt am Golfclub vorbei nach Nordosten. Rechter Hand thront **Essex Castle** über den **Hanging Rocks**, die man allerdings erst später zu sehen bekommt. Kurz hinter den Mauern von **The Nunnery** zweigt links ein Weg zum **Longis Pond Birdhide** (Vogelbeobachtungspunkt) ab. Bläst im Sommer ein Nordwestwind, so drängen die Insulaner an den Badestrand der sandigen **Longis Bay**. Bei Ebbe fällt der Dammweg zum **Fort Ile**

Die Kaserne Fort Tourgis (▶ S. 132) auf Alderney wurde im Jahr 1855 von der britischen Regierung errichtet und sollte dem Schutz vor französischen Angriffen dienen.

de Raz (Privatbesitz) trocken und eröffnet einen beeindruckenden Blick auf die Hanging Rocks.

Nach weiteren 2 km erreicht man **Mannez Lighthouse** am **Quésnard Point**. Der Leuchtturm öffnet seine Türen sonntagnachmittags im Sommer.

Ufernah radelt man vorbei an **Fort Corblets** (Privatbesitz), entlang der hübschen **Corblets Bay** in Sichtweite des ebenfalls bewohnten **Château à L'Etoc** und vorbei am Campingplatz der **Saye Bay**. Mit ihrem feinsandigen Strand lädt die Bucht zu einer geruhsamen Rast ein – perfekt für ein Picknick.

Das nahe **War Memorial** erinnert an die Opfer unter den ausländischen Zwangsarbeitern während des Zweiten Weltkriegs. Einen halben Kilometer weiter zweigt rechts eine Stichstraße zur größten Festungsanlage der Insel ab: **Fort Albert**. Von oben ist der Blick auf Braye Harbour und St. Anne besonders attraktiv.

Die Hauptstraße folgt der lang gestreckten Braye Bay zurück zum Hafen. Lassen Sie dort den Tag in einem der netten Lokale mit Blick auf den weißen Strand ausklingen. Keine zehn Minuten läuft man ins Städtchen St. Anne.

Abendstimmung auf den Kanalinseln mit pittoresken Häuschen im englischen Stil.

DIE KANALINSELN ERFASSEN

AUF EINEN BLICK

Hier erfahren Sie alles, was Sie über die Kanalinseln wissen müssen – kompakte Informationen über Land und Leute, von Bevölkerung und Sprache über Geografie und Politik bis Religion und Wirtschaft.

BEVÖLKERUNG

Die Bewohner der Kanalinseln sprechen zwar englisch, fühlen sich jedoch nicht als Briten. In den beiden Hauptstädten der Bailiwicks, St. Helier und St. Peter Port, lebt jeweils ein Drittel der Bevölkerung. Zusehends verdichtet sich das Häusermeer an ihren Rändern. Auf dem Land wechseln sich kleine Orte, die Zentren der früheren Kirchengemeinden (»parishes«), mit Feldern und Weiden von Einzelgehöften ab. Dass amtliche Hinweise in Jersey auch in Portugiesisch und Polnisch

abgefasst sind, ist darauf zurückzuführen, dass Portugiesen 7 % und Polen 3 % der Bevölkerung ausmachen.

LAGE UND GEOGRAFIE

Geografisch gehört der Archipel zu Frankreich. Jersey trennen nur 23 km von der Normandie, Alderney ganze 14 km – an klaren Tagen ist die Küste der Halbinsel Cotentin von allen Inseln aus deutlich zu erkennen. Erst mit dem nacheiszeitlichen Anstieg des Meeresspiegels wurden Guernsey 9000 v. Chr. und Jersey ca. 6500 v. Chr. Inseln. Das

◄ In St. Peter Port (► S. 87) auf Guernsey verschwindet das Geländer im Meer.

milde, vom Golfstrom beeinflusste Klima begünstigt eine auch im Winter grüne Vegetation. Schnee und Frost sind selten, ebenso Hitzetage mit Temperaturen über 25 °C. Dafür vergeht kaum ein Tag ohne leichte Brise.

SPRACHE

Noch bis gegen Ende des 19. Jh. sprachen die Inselbewohner ein als »Norman French« oder »Patois« bezeichnetes mittelalterliches Französisch mit normannischem Dialekt. Mit der Evakuierung vieler Kinder im Zweiten Weltkrieg erlebte das Inselnormannische, das auf dem Land Hauptsprache war, einen maßgeblichen Einbruch. Die Amtsprache Englisch wird heute überall gesprochen. »Patois« verstehen und sprechen nur noch wenige. Über Kurse und Rundfunkprogramme versuchen Kulturverbände die alte Sprache wiederzubeleben.

VERWALTUNG

Die Kanalinseln besitzen einen politischen Sonderstatus. Sie sind als Crown Dependencies direkt der englischen Krone unterstellt, aber nicht Teil des Vereinigten Königreichs (und damit nicht der EU). Als Herzogin der Normandie ist Elizabeth II. ihr Staatsoberhaupt. Die Inseln gliedern sich in das Bailiwick (Vogtei) of Jersey, Hauptstadt St. Helier, und das Bailiwick of Guernsey, Hauptstadt St. Peter Port, zu dem auch Alderney, Herm und Sark gehören. Alderney und Sark haben eigene Parlamente. Herm ist an eine Stiftung verpachtet. Die Bailiwicks entscheiden

unabhängig über Staatshaushalt und Steuerrecht, Währung und Postwesen. Es gibt keine politischen Parteien.

WIRTSCHAFT

Die Finanzwirtschaft ist wegen der vorteilhaften Steuergesetzgebung (max. 20 % Einkommensteuer, nur in Jersey 5 % »goods and service tax«, GST, vergleichbar der Mehrwertsteuer) Hauptwirtschaftszweig der Inseln. Ihr Beitrag zum Bruttosozialprodukt liegt bei rund 40 %. Auch in der Beschäftigungsstruktur zeigt sich eine Dominanz des Bank- und Versicherungswesens (ca. 25 %), gefolgt vom Dienstleistungsgewerbe mit vielen Beschäftigten aus Portugal, Polen und den baltischen Staaten. Obwohl Milchwirtschaft und Gemüseanbau maßgeblich zur Basisversorgung beitragen, liegt ihr Anteil am Bruttosozialprodukt (zusammen mit der Blumenzucht) im einstelligen Bereich.

AMTSSPRACHE: Englisch
EINWOHNER: gesamt ca. 168 000, davon auf Jersey 100 000, Guernsey 65 000, Alderney 2400
FLÄCHE: gesamt 198 qkm, davon Jersey 116 qkm, Guernsey 64 qkm, Alderney 8 qkm, Sark 5,5 qkm, Herm 2 qkm
GRÖSSTE STADT: St. Helier (Jersey), 30 000 Einwohner
INTERNET: www.jersey.com, www. visitguernsey.com, www.sark.co.uk, www.herm.com, www.visitalderney. com
RELIGION: mehrheitlich anglikanisch
WÄHRUNG: Englisches Pfund (£) mit jeweils eigenen Geldscheinen und Münzen der Bailiwicks von Jersey und Guernsey

GESCHICHTE

An klaren Tagen in Sichtweite der normannischen Küste, aber Teil des englischen Königreichs, standen die Kanalinseln immer im Spannungsfeld zwischen Frankreich und England, wobei auch zwischen den Eilanden selbst Rivalitäten erwuchsen.

250 000 v. Chr. Altsteinzeit

Der 1866 in Jersey geborene Ethnologe Robert R. Marett leitet erste systematische Grabungen in den Jahren 1910–1914 in La Cotte (Jerriais »Höhle«) am östlichen Ende der St. Brelade's Bay. Sie fördern nicht nur Knochen von gejagten Tieren wie Wollmammuts und -nashörnern, Füchsen und Pferden zu Tage. Die bedeutendste Entdeckung ist ein Teil des Unterkiefers eines Neandertalmädchens. Noch mit Kontinentaleuropa verbunden ragen die Kanalinseln im Paläolithikum wie mächtige Inselberge aus weiten Ebenen empor. Dem kalten Klima entspricht eine Tundrenvegetation, Grasland unterbrochen von lichten Wäldern. Dort jagen in kleinen Gruppen die Neandertalmenschen. Räumten frühere Wissenschaftler nach heutigen Maßstäben recht rabiat die Fundstellen, versucht eine neue, 2011 begonnene Grabung mit Feinarbeit in den Ablagerungen der Höhle hoch über der aktuellen Hochwassermarke weitere Erkenntnisse über das einstige Leben der Vorzeitmenschen zu gewinnen.

Ab 58 v. Chr. Römische Invasion

Roms Vordringen nach Gallien und die Besetzung des Landes löst eine Fluchtwelle in der heutigen Bretagne aus. In diesem Zusammenhang steht vermutlich der Fund des bis dato größten europäischen Münzschatzes: 2012 entdeckt man auf einem Feld in Grouville, Jersey,

250 000 v. Chr.

4850–2850 v. Chr.

58–51 v. Chr.

RÖMISCHE INVASION
Cäsar erobert das keltische Gallien, die Kanalinseln werden Teil der römischen Provinz.

Aus der Altsteinzeit (Paläolithikum) stammen die frühesten Spuren menschlicher Existenz in der Höhle von La Cotte de St. Brelade, Jersey.

Am Übergang vom Neolithikum zur Bronzezeit werden die Jäger- und Sammlergruppen sesshaft. Kultische Rituale und Bestattungen finden in Großsteingräbern (Dolmen) statt.

70 000 Münzen der westlich von St-Malo siedelnden keltischen Curiosoliten (engl. Coriosolites). Es ist anzunehmen, dass sie versuchten, auf den Inseln ihre Stammesschätze zu verstecken, denn die Münzen, 750 kg schwer, datiert auf 50 v. Chr., waren keine Tauschobjekte. Die Römer selbst legen keine größeren Siedlungen an. Sie nutzen den natürlichen Tiefwasserhafen von St. Peter Port, wo in den 1980er-Jahren das Wrack eines römischen Handelsschiffes geborgen wurde, als Lagerplatz. Darauf lassen u. a. Amphoren mit Spuren von Wein, Olivenöl, Garum (eine Fischsoße) mediterranen Ursprungs sowie Funde einer Fußbodenheizung in einem hafennahen Gebäude schließen. Den einzigen römischen Tempel bauen sie zu Füßen des Pinnacle Rock, einem seit neolithischer Zeit bedeutenden Kultplatz nördlich der St. Ouen's Bay (Jersey).

933 Normannische Herrschaft

Seit Ende des 8. Jh. suchen germanische Wikinger raubend und plündernd England und die Küsten des Ärmelkanals heim. Hundert Jahre später beginnen sie in Nordfrankreich zu siedeln. Sie übernehmen das Christentum und die französische Sprache. Um sich vor weiteren Überfällen der mit schnellen Schiffen landeinwärts vordringenden Nor(d)mannen zu schützen, erkennt der Westfrankenkönig Karl III. (der Einfältige) den Wikingerführer Hrólfr (Rollo) 911 als Lehnsherr der Halbinsel Cotentin an. Sie wird Kernland des Herzogtums Normandie, dem Rollos Sohn Wilhelm Langschwert (Guillaume I.) die Kanalinseln im Jahr 933 angliedert. Klöster und sog. Seigneurs erhalten auf den Inseln Ländereien als Lehen (fiefs). In Ortsnamen sind heute noch Spuren der Wikingersprache zu erkennen, z. B. leitet sich hou und hougue von holm(r) für Insel ab.

1204 Bündnis mit König John

Infolge ihrer klugen Heiratspolitik herrschen die englischen Könige nicht nur als Herzöge der Normandie in Frankreich. Ausgedehnte Gebiete sind als Mitgift dem Thron zugefallen. Im Jahr 1204 jedoch besetzt König Philipp II. von Frankreich die Normandie.

NORMANNISCHE HERRSCHAFT
Der Wikingerführer Wilhelm Langschwert gliedert die Kanalinseln seinem Herzogtum Normandie an.

1204

BÜNDNIS MIT KÖNIG JOHN
König John verliert die Normandie an König Philipp II. von Frankreich, die Lehensherren der Kanalinseln aber schwören ihm die Treue.

933

1066

SCHLACHT VON HASTINGS
Der normannische Herzog Guillaume II. erobert das angelsächsische England und lässt sich als William I. (William the Conqueror) zu dessen König krönen.

1277

König Edward ernennt den »Edlen Schweizer Ritter« Othon de Grandson zum Gouverneur der Kanalinseln auf Lebenszeit. Er stirbt 1328.

Damals schwören die Seigneurs dem Lehnsherren der Kanalinseln, Johann »ohne Land«, wie man ihn später ob der territorialen Verluste nennt, die Treue. Und sie lassen sich ihre Loyalität nicht nur von ihm mit Privilegien für eine unabhängige Verwaltung der Inseln vergüten. Damit wird der Grundstein für die heutige Unabhängigkeit gelegt. Zur Sicherung gegen Frankreich wird mit dem Bau der ersten Burgen, Gorey Castle in Jersey und Castle Cornet in Guernsey, begonnen.

1497

John Cabot beansprucht Neufundland für Henry VII. Kabeljaufang und -handel begründen den Reichtum zahlreicher Familien aus Jersey und Guernsey.

1642–1651 Englischer Bürgerkrieg

Das Kräftemessen in London zwischen König Charles I. und dem Parlament sowie die Spannungen zwischen der Anglikanischen Kirche, Katholiken, Presbyterianern und Puritanern führt auf den Kanalinseln, anders als in Großbritannien, zwar nicht zu kriegerischen Auseinandersetzungen, doch zu einer Spaltung unter der Bevölkerung. In Guernsey muss sich der Gouverneur in Castle Cornet gegen die Cromwellfreundlichen Insulaner verbarrikadieren. Nur durch die Hintertür kann die Burg von Jersey her versorgt werden. Dort gewährt der Gouverneur Kronprinz Charles auf Elizabeth Castle Exil. Als König Charles I. im Januar 1649 in London enthauptet wird, ruft George de Carteret zwei Wochen später Charles II. in Jersey zum König aus. Erst nach dem Interregnum wird er 1661 in Westminster gekrönt. Er verleiht Jersey den »Royal Mace«, eine Art Szepter, aus Dankbarkeit für loyale Dienste.

1781 »Battle of Jersey«

Die Kanalinseln sind schon im Mittelalter berüchtigt für ihre Schmuggler und seit der Regierungszeit von Elizabeth I. Heimat vieler Freibeuter, die mit einem königlichen »Lettre de Marque« feindliche Schiffe kapern können. Besonders brisant wird die Lage für Frankreich mit Beginn des amerikanischen Unabhängigkeitskrieges. Fran-

1339–1468

Kurze Intervalle französischer Herrschaft auf Guernsey und Jersey.

Um 1470

Teilung der Kanalinseln in die Bailiwicks von Jersey und Guernsey.

1497

John Cabot beansprucht Neufundland für Henry VII. Kabeljaufang und der Handel mit Stockfisch begründen den Reichtum zahlreicher Familien aus Jersey und Guernsey.

zösische Handelsschiffe zur Unterstützung der jungen Kolonien sind ständig in Gefahr. 1780 plant Baron Philippe de Rullecourt einen Angriff auf Jersey – mit der Aussicht, dort als Gouverneur regieren zu können. Er landet in den frühen Morgenstunden des 6. Januar 1781 im Felsenwatt von La Rocque. Da auch die Wache habenden Soldaten gerade die sogenannte Twelfth Night, das Ende der Weihnachtszeit, feiern, kann de Rullecourt mit rund 800 Soldaten unbemerkt nach St. Helier marschieren und mit einer geschickten Täuschungstaktik Vizegouverneur Moses Corbet zur Kapitulation zwingen. Major Francis Peirson, mit 24 Jahren dienstältester Offizier, verweigert jedoch den Gehorsam. Als Befehlshaber über ein rund 2000 Mann starkes Heer delegiert er einen Teil der Soldaten zum Mont de la Ville als Deckung von der Anhöhe und attackiert mit dem 78. Regiment die Franzosen auf dem Marktplatz (heute Royal Square). Erfolgreich in einem 15-minütigen Gefecht, das gegen Mittag stattfindet, verliert das englische Regiment dennoch seinen Major. Der Held des Tages, Francis Peirson, erliegt ebenso wie sein französischer Gegner Baron de Rullecourt seinen Verletzungen. Zum Schutz gegen weitere Angriffe werden nach dieser »Battle of Jersey« an der Südküste der Insel mehr als zwei Dutzend Rundtürme sowie der Seymour Tower erbaut.

1852–1870 Victor Hugo im Exil

Mit Werken wie »Der Glöckner von Notre Dame« hatte sich Victor Hugo (1802–1885) literarischen Ruhm und Wohlstand erworben. Kritische Äußerungen des republikanisch gesinnten Schriftstellers gegen den Staatsstreich von Napoleon III. im Jahr 1851 zwingen ihn, ins Exil zu gehen. Von Brüssel kommend, nimmt er 1852 in St. Helier zunächst im Hotel Pomme d'Or Quartier. Bald findet er für seine Familie im östlichen Vorort Havre de Pas am Meer ein Haus – und Unterkunft für seine Geliebte Juliette Drouet, die ihn überallhin begleitet. Begonnene Manuskripte liegen in Jersey brach. Vielmehr widmet sich Hugo intensiv seinem weiteren Talent, der Malerei. Die Kritik an

ENGLISCHER BÜRGERKRIEG
Guernsey steht auf der Seite des Parlaments, Jersey unterstützt König Charles I. und gewährt dem künftigen Charles II. Exil.

1852–1870

VICTOR HUGO IM EXIL
Der französische Dichter Victor Hugo lebt drei Jahre in Jersey im Exil, danach weitere 15 Jahre auf Guernsey.

1781

»BATTLE OF JERSEY«
Den Franzosen gelingt die Eroberung von St. Helier – für weniger als einen Tag!

1870

Auf Jersey wird eine Eisenbahnlinie eröffnet.

dem Besuch von Königin Victoria bei Napoleon III. schafft ihm im royalistischen Jersey viele Feinde. 1855 besteigt er ein Schiff nach Guernsey, im Jahr darauf kauft er Hauteville House in St. Peter Port, wo eine seiner kreativsten Phasen beginnt. Im Jahr 1862 veröffentlicht er »Les Misérables« (»Die Elenden«), 1866 den von den Fischern in Jersey inspirierten Roman »Les travailleurs de la mer« (»Die Arbeiter des Meeres«). Zu seinen Lieblingsorten gehörten Fermain Bay in Guernsey sowie Sarks Dixcart Bay und Hotel.

1870 Die erste Eisenbahn

Auf Jersey wird eine Eisenbahnlinie zwischen St. Helier und St. Aubin eröffnet und bald darauf bis Corbière verlängert (bis 1936). In Guernsey verkehrt ab 1879 ein Zug von St. Peter Port nach St. Sampson (bis 1934).

1940 Deutsche Besetzung der Inseln

Am 19. Juni werden alle britischen Truppen von den vermeintlich unbedeutenden Kanalinseln abgezogen. Als die deutsche Luftwaffe am 28. Juni Jersey und Guernsey bombardiert, werden die Inseln kampflos den deutschen Truppen übergeben.

1945 Befreiung der Inseln

Nach der Invasion der Alliierten in der Normandie am 6. Juni 1944 haben die Bewohner der Kanalinseln auf ein baldiges Ende der Besatzungszeit gehofft. Dass die deutschen Truppen nach dem Fall von St-Malo im August 1944 von ihrem Nachschub an Nahrungsmitteln und Treibstoff abgeschnitten sind, verschärft allerdings die Situation auf den Inseln. Die Bewohner haben selbst kaum noch Vorräte. Minen verhindern an den Küsten das Sammeln von Wildfrüchten und Brennmaterial. Churchill will die deutschen Besatzer aushungern. Dabei trifft es allerdings die zivile Bevölkerung am härtesten. Ausgemergelte Menschen ziehen in Kolonnen ab dem 30. Dezember 1944 zum Hafen von St. Helier bzw. St. Peter Port, um ihr Care-Paket abzuholen. Die Ladung des Rot-Kreuz-Schiffes Vega, das noch mehrmals anlegt, rettet Zehntausenden das Leben. Mit dem Hunger setzt

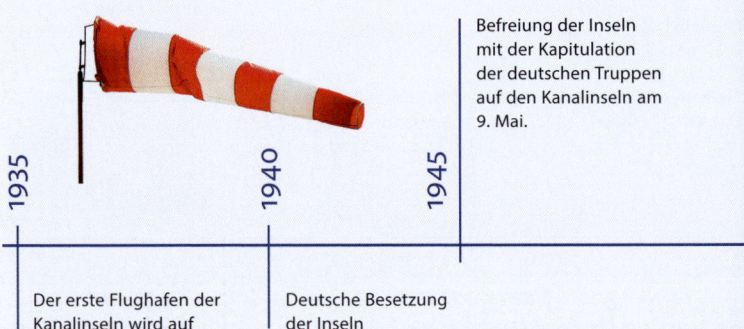

Befreiung der Inseln mit der Kapitulation der deutschen Truppen auf den Kanalinseln am 9. Mai.

1935

1940

1945

Der erste Flughafen der Kanalinseln wird auf Alderney eröffnet. Jersey folgt 1937, Guernsey 1939.

Deutsche Besetzung der Inseln

eine Demoralisierung in den Reihen der deutschen Soldaten ein. Die Befehlshaber kapitulieren allerdings erst Tage nach Hitlers Selbstmord am 30. April 1945. Am 8. Mai verkündet Churchill im Rundfunk »… our dear Channel Islands are also to be freed today.« Die Inselbewohner begrüßen mit Jubel tags darauf die von Bord gehenden britischen Soldaten.

1993 Besitzerwechsel auf Brecqhou

Sie zählen zu den reichsten Personen in Großbritannien und herrschen über ein Zeitungsimperium: die Zwillingsbrüder Sir David und Sir Frederick Barclay (geb. 1934). Aus einfachen Verhältnissen stammend, haben sie sich u. a. mittels Immobilien ein geschätztes Vermögen von 2,35 Mrd. £ (2013) erworben. Für Sarks nur knapp 30 ha großes Nachbarinselchen Brecqhou bezahlen sie der englischen Krone etwa 2 Mio. £ und zusätzlich – sehr zu ihrem Missfallen – nach den alten Lehensrechten ein Dreizehntel davon an den Seigneur von Sark. Mittels Klagen erstreiten sie am Europäischen Gerichtshof die Änderung des Erbrechtes für Brecqhou und Sark, um allen vier Kindern und nicht nur dem ältesten Sohn ihren Besitz mit dem gigantischen neugotischen Schloss vererben zu können.

2008 Demokratie für Sark

Ehe die Barclay-Brüder in Sarks Gefilden für Unruhe sorgen, bestimmen die Vertreter der 40 alten Familien die Politik der Insel. Rechtliche Schritte der Brüder am Europäischen Gerichtshof für Menschenrechte leiten eine Reform des seit 1565 bestehenden Feudalismus ein. Nach einer Volksabstimmung im Jahr 2006 und der Zustimmung des Privy Council von Königin Elizabeth II. wählt Sark im Dezember 2008 sein erstes unabhängiges Parlament mit 28 Volksvertretern aus allen Reihen der Bevölkerung. Den sogenannten Chief Pleas gehören ferner der Seigneur und der auf Lebenszeit gewählte Sénéchal an. Da die von den Brecqhou-Besitzern favorisierten Kandidaten nicht zum Zuge kamen, schließen die Barclay-Brüder kurzerhand Hotels, in die sie investiert hatten – doch nur für kurze Zeit.

Die Freigabe des vorher auf 5 % festgeschriebenen Bankzinses beschert den Kanalinseln einen Banken- und Anlageboom.

2008

DEMOKRATIE FÜR SARK
Erste demokratische Wahlen für das Inselparlament beenden den Feudalismus.

1993

BESITZERWECHSEL AUF BRECQHOU
Die Barclay-Brüder kaufen die Sark benachbarte Insel von der englischen Krone.

2013

Jersey entscheidet in einer Volksabstimmung über eine Parlamentsreform.

KULINARISCHES LEXIKON

A
apple – Apfel
asparagus – Spargel

B
bacon – durchwachsener Speck
baked beans – weiße Bohnenkerne in
    Tomatensauce
bean jar – Eintopf mit weißen Bohnen
    und Schweine-/Rindfleisch
beef – Rindfleisch
beet root – rote Bete
biscuit – Keks
blackberries – Brombeeren
black/red currants – schwarze/rote Jo-
    hannisbeeren
braised – geschmort
bread – Brot
bream – Brasse
brill – Butt
Brussels sprouts – Rosenkohl

C
cabbage – Kohl
cake – Kuchen
cauliflower – Blumenkohl
chanterelles – Pfifferlinge
cherries – Kirschen
chicken – Hühnchen
chips – Pommes frites
chop – Kotelett
cider – Apfelwein
clams – Venusmuscheln
cockles – Herzmuscheln
cod – Kabeljau
corn on the cob – Maiskolben
crab (meat) – Krebs(-fleisch)
cranberries – Preiselbeeren
cream (clotted) – (dicke) Sahne

crispy – knusprig
cucumber – Salatgurke

D
deep fried – frittiert
draught beer – Bier vom Fass
duck, duckling – Ente
dumpling – Kloß

E
egg – Ei
– boiled egg – gekochtes Ei
– fried egg – Spiegelei
– poached egg – pochiertes Ei
– scrambled egg   Rührei

F
French beans – grüne Bohnen
French fries – Pommes frites
fried – gebraten

G
game – Wild
gammon steak – Kassler-Steak
garlic – Knoblauch
ginger – Ingwer
goose – Gans
grapes – Trauben
gravy – Bratensoße
grilled – gegrillt

H
haddock – Schellfisch
hake – Seehecht
halibut – Heilbutt
haricot beans – weiße Bohnen
herbs – Kräuter
horseradish – Meerrettich
hot – heiß, scharf

I

icecream – Speiseeis

J

jam – Marmelade

K

kidneys – Nierchen
kipper – geräucherter Hering

L

lamb (leg of) – Lamm(keule)
leek – Lauch, Porree
lemon – Zitrone
lentils – Linsen
lettuce – Kopfsalat
liver – Leber
lobster – Hummer
loin – Lendenstück

M

mackerel – Makrele
marmelade – Marmelade aus Zitrus-
    früchten (Orangen etc.)
meat balls – Fleischbällchen
meringue – Baiser
minced meat – Hackfleisch
monkfish – Seeteufel
mushrooms – Pilze
mussels – Miesmuscheln

O

onions – Zwiebeln
oysters – Austern

P

pan fried – in der Pfanne gebraten
parsley – Petersilie
peach – Pfirsich
pear – Birne
peas – Erbsen
peppers – Paprikaschoten
pie – gefüllte Pastete (süß, pikant)

plaice – Scholle
plums – Pflaumen
pork – Schweinefleisch
potato – Kartoffel
poultry – Geflügel
prawns – Krabben, Garnelen
pub grub – warmes Tellergericht

R

raspberries – Himbeeren
raw – roh
ray – Rochen
rib – Rippchen
roast – gebraten, Braten
roll – Brötchen

S

sausages – Würstchen
scallops – Jakobsmuscheln
seabass – Seebarsch
shandy – Radler, Alsterwasser
shellfish – Schalentiere
skate – Rochen
smoked – geräuchert
sole – Seezunge
sparkling wine – Schaumwein
spinach – Spinat
squid – Kalamares
steamed – gedämpft
stew – Ragout, Eintopf
stout – dunkles Bier
strawberries – Erdbeeren
stuffed – gefüllt
suckling pig – Spanferkel

T

trout – Forelle
turbot – Steinbutt
turkey – Truthahn

V

veal – Kalbfleisch
vegetables – Gemüse

SERVICE

Anreise und Ankunft

MIT DEM FLUGZEUG

Die Flughäfen von Jersey und Guernsey werden ganzjährig mehrfach täglich von London Gatwick bzw. London Stansted aus mit **Aurigny Air Services**, **EasyJet** und **British Airways** angeflogen. Die Regionalfluggesellschaft **Blue Islands** fliegt zwischen Jersey, Guernsey und dem London City Airport, ferner nach Southampton und Bristol. Kombiniert man diese Verbindungen mit Billigflügen vom Kontinent, sind die Kanalinseln gut und relativ preiswert zu erreichen.

Blue Islands fliegt ab Genf und Zürich nach Jersey und von dort weiter nach Guernsey. Flybe fliegt ab Genf direkt nach Jersey, ab Hannover mit Umstieg in Southampton, bzw. ab Düsseldorf via Exeter.

Zwischen April bzw. Mai und September bestehen Direktverbindungen nach Jersey ab deutschen Flughäfen, z. B. ab Düsseldorf (Lufthansa, Air Berlin – auch mit Anschlussflügen). Zudem bestehen Charterverbindungen u. a. von TUI Wolters ab Frankfurt am Main und Hannover.

Aurigny fliegt von Guernsey aus Jersey, Manchester, Bristol, Southampton und den Flughafen East Midlands sowie Dinard (Normandie) und Grenoble an.

Alderney ist durch Aurigny Air Services mehrmals täglich mit Guernsey und Southampton verbunden.

Hinweis: Wer von Alderney nach Guernsey fliegt und den Anschluss zu einer Fähre oder anderen Flugverbindungen plant, sollte einen Tag Puffer einplanen. Selbst im Sommer kommt es durchaus vor, dass man wegen **Nebel im Luftraum der Kanalinseln** einen halben oder ganzen Tag auf Alderney festsitzt. Mitunter gilt dies auch für Jersey und Guernsey.

Auf www.atmosfair.de und www.myclimate.org kann jeder Reisende durch eine Spende für Klimaschutzprojekte für die CO_2-Emission seines Fluges aufkommen.

Aurigny Air Services

Tel. 00 44/14 81/82 28 86 | www.aurigny.com

Blue Islands

Tel. 00 44/14 81/72 75 67 | www.blueislands.com

VOM FLUGHAFEN IN DIE STADT

Linienbusse halten auf Jersey und Guernsey direkt vor dem Flughafengebäude. Auf Jersey verbinden sie den Airport mit St. Aubin und St. Helier, auf Guernsey mit St. Peter Port. Fahrkarten erhält man beim Busfahrer. Taxis stehen in ausreichender Zahl bereit. Mietwagenfirmen unterhalten an den Flughäfen Büros oder bieten Kunden einen kostenlosen Transfer zur Vermietstation.

An dem sehr überschaubaren Flughafen von Alderney stehen in der Regel Taxis für die Fluggäste bereit. Wer ohne Gepäck angereist ist, kann in etwa zehn Minuten den Hauptort St. Anne zu Fuß erreichen.

MIT DEM SCHIFF

Die Katamarane von **Condor Ferries** verkehren fast täglich von St-Malo nach Jersey (St. Helier/Elizabeth Harbour) und Guernsey (St. Peter Port); außerdem fahren Autofähren derselben Gesellschaft zwischen Weymouth, Poole und Portsmouth in Südengland und den Inseln.

Bewachte und unbewachte Parkplätze stehen in St-Malo in ausreichender Zahl zur Verfügung.

Von den normannischen Häfen Granville, Barneville-Carteret und Diélette legen Personenfähren von **Manche Îles Express** nach Jersey und Guernsey ab. Herm ist nur mit dem Schiff (Trident Travel) von St. Peter Port (Guernsey) aus zu erreichen. Überfahrt ca. 20 Min.; täglich mehrere Abfahrten.

Sark ist mit Fähren der Isle of Sark Shipping Company von Montag bis Samstag mehrmals täglich mit St. Peter Port verbunden, sonntags verkehrt nur im Sommer ein Boot; Überfahrt etwa 45 Min.

Im Sommer fahren zwei- bis dreimal pro Woche die Katamaranfähren (für ca. 220 Personen) von **Manche Îles Express** von Jersey (ab St. Helier/Albert Pier oder Gorey) nach Sark (morgens hin, spätnachmittags zurück).

Alderney ist im Sommer ab St. Peter Port (Guernsey) regelmäßig mit dem BumbleBee-Kutter für bis zu 12 Personen erreichbar.

AUSKUNFT FÜR ALLE FÄHREN
Condor Line
Zentrale Reservierung in GB: Tel. 00 44/84 5/6 09 10 24 | www.condorferries.co.uk
Hafenbüros:
– St-Malo (Frankreich) | Tel. 00 33/8 25/13 51 35

– Jersey, St. Helier | Tel. 00 44/15 34/60 10 00 und 87 22 40
– Guernsey, St. Peter Port | Tel. 00 44/14 81/72 96 66

Isle of Sark Shipping
St. Peter Port | Tel. 00 44/14 81/72 40 59 | www.sarkshippingcompany.com

Trident Travel
St. Peter Port, Weighbridge Clock Tower, Liberation Monument | Tel. 00 44/14 81/72 13 79 | www.herm.com

Manche Îles Express
Granville, 1 rue des Isles | Tel. 00 33/8 25/13 10 50 | www.manche-iles-express.com

BumbleBee
Clifton House, Clifton, St. Peter Port | Tel. 00 44/14 81/72 02 00 | www.bumblebee.gg

Auskunft
FÜR DEUTSCHLAND, ÖSTERREICH UND DIE SCHWEIZ
Jersey (Versand von Broschüren)
Tel. 00 49/(0) 61 06/7 17 18 | www.jersey.com/deutsch | Mo–Fr 8–16 Uhr

VisitBritain
www.visitbritain.de

Auf den Kanalinseln
Die Touristeninformationen sind bei St. Helier und St. Peter Port, Sark, Herm und Alderney im Kapitel »Die Kanalinseln erkunden« genannt.

Behinderte
Hotels und Institutionen bemühen sich zunehmend um behindertengerechte

Ausstattung. Infomaterial kann bei den Touristenbüros angefordert werden. Der Behindertenausweis gewährt bevorzugtes Parken.

Behindertengerechte Toiletten haben auf Jersey und Guernsey Radarschlösser. Schlüssel dazu bekommt man im Touristikamt.

Buchtipps

Claus Beling: Was du nicht weißt (Bastei Lübbe, 2012, TB). Der in der Produktion von Rosamunde-Pilcher-Filmen erfahrene Autor siedelt seinen Kriminalroman im Jersey der Gegenwart an. Gelegentlich flicht er landeskundliche Informationen in die Geschichte über die Morde an zwei jungen Frauen ein.

Katharina Geiser: Diese Gezeiten (Jung und Jung, 2011). Ein anspruchsvoller, eng an der Realität orientierter Roman über das Leben und die Widerstandsaktionen der beiden französischen Fotografinnen Lucy Schwob (alias Claude Cahun) und Suzanne Malherbe (alias Marcel Moore) während der deutschen Besatzungszeit in Jersey.

Charlotte Link: Die Rosenzüchterin (blanvalet, 2010). Das Leben auf den Kanalinseln während der deutschen Besatzungszeit im Zweiten Weltkrieg verpackt die Autorin auf interessante Weise in ihrem Roman. Auch als Hörbuch und DVD der TV-Verfilmung mit Hannelore Elsner erhältlich.

Petra Oelker: Das Bild der alten Dame (rororo, 2002, TB). Ihre professionelle Neugier bringt die Journalistin Leo Peheim nach Jersey – für eine Herz-Schmerz-Geschichte. Denn dort wurde ein Gemälde, 30 Jahre nachdem es gestohlen worden war, der Besitzerin per Post zugestellt – mit gefälschtem Absender. Leo recherchiert weiter in Hamburg. Leichter Lesestoff.

Silvia Roth: Blut von deinem Blute (DTV, 2012). Ein Psychokrimi, in dem Karrierefrau Laura Bradley auf ihre Heimatinsel Jersey zurückkehrt, um den brutalen Mord an ihrem Vater und ihrer Stiefmutter aufzudecken. Dabei kommt auch ihr Geheimnis ans Licht …

Mary Ann Shaffer: Deine Juliet (rororo, 2009, TB). Der Briefroman »The Guernsey Literary and Potato Peel Pie Society«, wie der Titel im englischen Original lautet, beleuchtet die Lebensumstände auf Guernsey während der deutschen Besatzung – mit einem Hauch Romantik und englischem Humor. Eine Verfilmung mit Michelle Dockery (bekannt aus »Downton Abbey«) als Juliet ist geplant. Auf Guernsey werden eigene Touren zu den Schauplätzen angeboten.

Diplomatische Vertretungen Honorarkonsulate der Bundesrepublik Deutschland

– Mr Kenneth Soar, Braeside, St. Peter's Valley, St. Lawrence, Jersey JE2 1EZ | Tel. 00 44/15 34/28 08 58 | E-Mail: st-helier@hk-diplo.de
– Mr Christopher N. Betley, 55 Bordage, St. Peter Port, Guernsey GY1 1BP | Tel. 00 44/14 81/72 51 15, in Notfällen 00 44/79 11 71

56 58 | st-peter-port@hk-diplo.de |
www.germanconsulinguernsey.com

Schweizer Konsulat
Albert Good, c/o Rothchild Bank
Switzerland (C.I.) Ltd, St. Julian's Court,
St. Julian's Ave., St. Peter Port, Guernsey
GY1 3BP | Tel. 00 44/(0)14 81/71 02 67 |
stpeterport@honrep.ch

Republik Österreich
Ansprechpartner ist der Botschafter in
London, Tel. 00 44/20/73 44 32 50

Feiertage
An den nationalen Feiertagen sind Büros, Behörden, Banken und die meisten
Geschäfte geschlossen, nicht jedoch
Autovermietungen.
1. Januar Neujahr
Karfreitag
Ostermontag Easter Bank Holiday
1. Montag im Mai May Bank Holiday
9. Mai Liberation Day
Montag Mitte Mai Spring Bank
Holiday
**Letzter Montag im August (Alderney:
der erste!)** Summer Bank Holiday
25./26. Dezember Weihnachten

Geld
1 Pfund . . . . 1,21 €/1,48 SFr
1 € . . . . 0,83 Pfund
1 SFr. . . . . 0,67 Pfund

Auf den Kanalinseln gilt das Britische
Sterling Pfund (£). Ein Pfund entspricht
100 pence (p). Jersey und Guernsey geben eigene Banknoten und Münzen
heraus, die nur auf den Inseln gültig
sind. Im Umlauf sind Noten zu 1, 5, 10,
20 und 50 £ sowie Münzen zu 1, 2, 5, 10,
20, 50 p und 1 und 2 £.

Bankautomaten (prüfen Sie die Gebühren) findet man in den Hauptorten.
Einige Automaten wechseln auch
Scheine von Fremdwährungen. Doch
Achtung: Auf Sark gibt es keine Geldautomaten!
Kreditkarten sind weit verbreitet, werden aber nicht unbedingt in kleinen
Guesthouses und Lokalen akzeptiert.
Devisen dürfen in beliebiger Höhe ein-
und ausgeführt werden. Eine Deklaration ist nicht erforderlich.
Öffnungszeiten der Banken: Es gibt keine
einheitlichen Schalterstunden. Kernzeiten sind Mo–Fr 9.30–15.30 Uhr.

Links und Apps
LINKS
www.appetite.je
Die Internetseite für jede gastronomische Recherche.
www.fancy-guide.com
Umfassender Shopping-Guide für Jersey (Guernsey in Planung).
www.guernseytourism.net
Informationen über Unterkünfte und
Sehenswertes.
www.jerseyheritagetrust.org,
www.nationaltrust.je und
www.nationaltrust.gg
Hervorragende Quellen für Hintergrundinformationen zu historischen
Stätten, deren Erhalt sich Jersey Heritage Trust sowie der National Trust zur
Aufgabe gemacht haben. Ferner gute
Veranstaltungshinweise.
www.jerseymet.gov.je
Wetterberichte, -vorhersagen, Gezeiten, live Kamera, Satellitenbilder etc.
www.prehistoricjersey.net und
www.megalithicguernsey.co.uk
Beide Seiten informieren auch über die
Monumente der Frühgeschichte.

www.societe-jersiaise.org
Website von Jerseys führender kultur-
historischer Vereinigung.
www.societe.org.gg
Die Société Guernesiaise stellt ihr na-
turkundliches Programm vor.
www.thisisjersey.com und
www.thisisguernsey.com
Informationen auf Basis von Artikeln
der »Jersey Evening Post« (www.jersey
eveningpost.com) und »Guernsey Press
and Star« (www.guernsey-press.com):
Alltägliches, Veranstaltungen, angesag-
te Plätze, Wetter, Tidezeiten, Flug- und
Straßenverkehr sowie Buslinien.
www.weather.gg
Basisinformationen zum Wetter in
Guernsey.

APPS

www.weatherpro.eu
Hervorragende App für die Wettervor-
hersage, die bei verschiedensten Aktivitäten nützlich ist.
Android/iOS | 1,99 £
www.whatson.je
Veranstaltungskalender, Infos über
Unterkunft, Lokale, Verkehrsverbin-
dungen etc. in Jersey.
Android/iOS | kostenlos
www.jerseytaxis.je
Die Jersey Taxi App ermöglicht neben
der Anforderung eines Taxis auch das
bargeldlose Bezahlen der Taxifahrt. Inklusive Telefonbuch.
Android/iOS | kostenlos
www.geocaching.com
Die ideale Ergänzung zum Geo-
caching-Abenteuer (▶ S. 39). App mit
weltweit 1,75 Mio. Geocaches, allein
640 auch auf den Kanalinseln; schnel-
ler Zugriff auf alle Informationen.
Android/iOS | 9,99 £

Kleidung

Seien Sie für jedes Wetter gerüstet.
Leichte Sommerkleidung gehört also
ebenso ins Gepäck wie ein warmer Pul-
lover, Regenjacke und -schirm. Für
Wanderungen auf den Klippenpfaden
ist festes Schuhwerk unabdingbar (hilfreich kann auch ein Wanderstock sein).
Bessere Hotels und Restaurants erwar-
ten von ihren männlichen Gästen
abends unter Umständen Krawatte und
Jackett.

Medizinische Versorgung

Die medizinische Versorgung auf Jersey, Guernsey und Alderney ist gut.
Sark hat einen gut ausgestatteten Allge-
meinmediziner (Tel. 0 14 81/83 20 45),
der im Notfall das Ambulanzboot aus
Guernsey anfordert. Wer auf Herm
ernsthaft erkrankt, muss nach Guernsey fahren.

KRANKENVERSICHERUNG

Der Abschluss einer Auslandsreise-
krankenversicherung ist ratsam.

KRANKENHAUS

Krankenhäuser mit Notaufnahme-Sta-
tionen (A & E – Accident & Emergen-
cy) befinden sich in St. Helier (General
Hospital, Gloucester St.) und am süd-
westlichen Stadtrand von St. Peter Port
in St. Andrew (Princess Elizabeth Hospital, Le Vauquiedor). Eine kleine
A & E-Einheit hat auch das Krankenhaus auf Alderney (Route de Crabby).

APOTHEKEN

Apotheken (»pharmacy« oder »dispen-
sing chemist«) sind in der Regel Montag bis Samstag von 8.30 bis 17 oder
18 Uhr geöffnet. Die Roseville Pharma-

cy in St. Helier ist täglich von 9 bis 21.30 Uhr offen.

NOTRUF

Euronotruf Tel. 112 oder 999 (Polizei, Feuerwehr, Rettungsdienst und Seenotrettungsdienst/»Coast Guard«).

Nebenkosten

1 Tasse Kaffee.................. ca. 1,80 £
1 Bier......................... 3,50–4 £
1 Cola......................... 1,50 £
1 Brot (ca. 1 kg)............. 2,00–2,50 £
1 Schachtel Zigaretten .... 6 £
1 Liter Benzin................. 1,15 £
Mietwagen/Tag .... ab 45,00 £

Post

Da Jersey und Guernsey eigene Postverwaltungen besitzen, sind dort nur die Insel-Briefmarken gültig. Auf Alderney gelten auch die von Guernsey. Auf Sark und Herm braucht man die Briefmarken von Guernsey. »Stamps« sind in Poststellen, teils auch in Souvenirgeschäften erhältlich. Die Briefkästen auf Jersey sind rot, auf Guernsey blau. Eine Postkarte bzw. ein Brief nach Deutschland, Österreich und in die Schweiz kostet auf Jersey 60 p, auf Guernsey 63 p.

Die Öffnungszeiten der Postämter wechseln lokal; Hauptpost Jersey: Broad St., St. Helier, Hauptpost Guernsey: Smith St., St. Peter Port; beide Mo–Fr 8.30–17, Sa 8.30–12 Uhr

Reisedokumente

Deutsche, Österreicher und Schweizer können mit einem gültigen Reisepass oder Personalausweis (Identitätskarte) einreisen. Kinder unter 16 Jahren müssen im Pass eines Elternteils eingetragen sein oder benötigen einen eigenen Ausweis.

Reisewetter

Auf den Kanalinseln kann man so braun werden wie am Mittelmeer. Nur gibt es keine Garantie für sonniges Wetter – und der Ärmelkanal erreicht im Sommer nur ca. 17 °C. Die Mittagstemperaturen schwanken zwischen rund 15 und 18 °C im Frühjahr/Herbst und 20 bis 22 °C im Sommer. Im Winter sinken die Temperaturen selten unter 5 °C. Stellen Sie sich auf schnell wechselnde Wetterlagen ein. Regnet es morgens, kann es ab Mittag angenehm warm sein. An vielen Stellen zeigen schräg wachsende Bäume, wie heftig das ganze Jahr über der Wind weht.

Sammeltickets

Meistens liegen die Eintrittspreise für Sehenswürdigkeiten etc. bei 4 bis 15 £. Kinder, Studenten und Senioren erhalten Preisnachlässe.

Der **Discovery Pass** – nur in Guernsey erhältlich – bietet erhebliche Preisvorteile für den Museumsbesuch. Gültig für zwölf Monate, kostet er für Erwachsene 16 £ (2014). Eingeschlossen sind begleitende Kinder bis 18 Jahre. Er gilt für folgende Museen: Guernsey Museum, Castle Cornet, Fort Grey Shipwreck Museum (mit 10 % Rabatt in den Museumsshops), Jersey Museum und Alderney Society Museum.

Der **Jersey Pass** (www.jerseypass.com) für zwei, vier oder sechs Tage zum Preis von 42, 55 bzw. 65 £ ist ein Sammelticket für 17 Attraktionen. Außerdem erhält man Vergünstigungen in Museumsshops, einigen Lokalen und bei Aktivitäten.

Sprachkurse

Englischkurse für Jugendliche und Erwachsene werden von mehreren Veranstaltern angeboten:

Accent Multilingual Services

Guernsey, St. Peter Port, Les Cotils Residential Centre, L'Hyvreuse | Tel. 71 49 09 | www.accent.gg

St. Brelade's College

Jersey, St. Brelade, Mont Les Vaux | Tel. 74 13 05 | www.stbreladescollege.co.uk

Strom

Die elektrische Spannung beträgt 240 Volt. Für elektrische Geräte wird ein Steckeradapter benötigt.

Telefon

VORWAHLEN

D, A, CH ▶ Guernsey, Alderney, Sark, Herm 00 44/14 81 (von den anderen Inseln aus: 0 14 81)
D, A, CH ▶ Jersey 00 44/15 34 (von den anderen Inseln aus: 0 15 34)
Von den Kanalinseln ▶ D 00 49
Von den Kanalinseln ▶ A 00 43
Von den Kanalinseln ▶ CH 00 41

Jersey und Guernsey haben eigene Telefongesellschaften, die mit British Telecom assoziiert sind.
Die Telefonzellen funktionieren mit 10 p-, 20 p-, 50 p- und 1-£-Münzen. Bequemer sind Telefonkarten.
Bei Mobiltelefonen ist zu berücksichtigen, dass die Kanalinseln nicht zum EU-Raum gehören (nur an Jerseys Ostküste hat man gelegentlich ein französisches Netzwerk). Von Telefonen mit Prepaid-Karten aus kann man unter Umständen nicht anrufen, aber über

sie doch angerufen werden. Am besten vorab informieren.

Tiere

Die Mitnahme von Tieren ist nach dem »Pet Travel Scheme« der EU geregelt, sehr umständlich und nur auf bestimmten Routen zulässig. Pflicht sind u. a. EU-Heimtierausweis, Mikrochip und Tollwutimpfung.

Trinkgeld

Wird auf Rechnungen darauf hingewiesen, dass kein Bedienungsgeld inbegriffen ist (»no service charge included«), sind 10 % Trinkgeld üblich. In Pubs wird kein Trinkgeld erwartet, in Hotelbars nur, wenn am Tisch bedient wird.

Verkehr

AUTO

Die Mitnahme des eigenen Autos ist problemlos; Wohnmobile sind nicht zugelassen. Ein links gesteuerter Wagen ist im Linksverkehr auf den unübersichtlichen Straßen und beim Überholen nachteilig.

Parken

Verstöße wie Falschparken werden meist mit einem Bußgeld geahndet (Verkehrsregeln ▶ S. 153).
Alderney: In St. Anne ist das Parken montags bis samstags 30 bzw. 60 Min. mit Parkscheibe kostenlos.
Guernsey: In St. Peter Port sind Parkplätze knapp. In einer »Disc Zone« benötigten Sie eine Parkscheibe, die im Touristikamt erhältlich ist. Ansonsten steht ein großer kostenpflichtiger Parkplatz am Hafen zur Verfügung. Außerhalb der Stadt gibt es dagegen nur wenige Einschränkungen.

Jersey: Oft benötigt man von Montag bis Samstag zwischen 8 und 17 Uhr (mancherorts bis 22 Uhr) eine Parkscheibe oder kostenpflichtige »Paycards«, erhältlich im Tourist Office, in Geschäften, Tankstellen und Postämtern.

Verkehrsregeln

Auf den Inseln gilt Linksverkehr. Auf gleichberechtigten Straßen hat Vorfahrt, wer von rechts kommt. Eine gelbe Linie an der Einmündung von Neben- auf Hauptstraßen bedeutet: Halt! Häufig wird man auf diese Linie 20 bis 50 m vorher durch einen gelben Pfeil in Fahrtrichtung aufmerksam gemacht. An Kreuzungen findet man manchmal den Hinweis »filter in turn«, d. h. Einfädeln nach dem Reißverschlussprinzip.

Als Höchstgeschwindigkeiten gelten auf Jersey 40 mph (Meilen pro Stunde), auf Guernsey und Alderney 35 mph; innerorts 30 bzw. 25 mph.

Eine gelbe Linie am Straßenrand bedeutet striktes Halteverbot. Außerhalb ausgewiesener Parkzonen muss nachts mit Standlicht geparkt werden. Auf allen Sitzplätzen besteht Anschnallpflicht.

Die Promillegrenze liegt bei 0,8, Verstöße werden streng bestraft. Unfälle müssen auf Jersey immer der Polizei gemeldet werden, auf Guernsey und Alderney nur bei größeren Schäden oder Verletzungen.

MIETWAGEN

Mietwagen gibt es selbst in der Hauptsaison inkl. Vollkasko und Kilometerpauschale schon ab 45 £ pro Tag (180 £ pro Woche). Verleihstationen befinden sich an den Flughäfen; auch Hotels und Pensionen vermitteln Fahrzeuge. Auf Jersey und Guernsey gibt es Cabrios, auf Alderney luftige Minimokes.

Der deutsche, österreichische oder Schweizer Führerschein wird anerkannt. Mieter müssen mindestens ein Jahr im Besitz einer Fahrerlaubnis sein, 20 oder 21 Jahre und höchstens 70 bis 80 Jahre alt sein. Unterschiede je nach Mietwagenfirma.

MOPEDS UND FAHRRÄDER

Mopeds können auf Jersey, Guernsey und Alderney gemietet werden. Für Motorrad- und Mopedfahrer besteht

Klima (Mittelwerte)

	Januar	Februar	März	April	Mai	Juni	Juli	August	September	Oktober	November	Dezember
Tagestemperatur	7	6	8	10	13	16	18	18	17	13	10	8
Nachttemperatur	5	4	6	7	10	13	15	15	14	11	8	6
Sonnenstunden	2	3	5	7	8	9	8	8	6	4	3	2
Regentage pro Monat	19	15	13	12	11	10	11	12	15	15	17	19
Wassertemperatur	10	9	9	9	11	13	15	16	16	15	13	11

Helmpflicht, auch beim Fahrradfahren müssen auf Jersey Kinder bis 16 Jahre einen Helm tragen. Auf Sark stehen insgesamt etwa 1000 Fahrräder für die Gäste zur Verfügung.

ÖFFENTLICHE VERKEHRSMITTEL

Auf Guernsey und Jersey gibt es ein gutes Busnetz. Fahrpläne sind an den Busbahnhöfen in St. Helier und St. Peter Port erhältlich bzw. im Internet: www.libertybus.je (Jersey), www.buses.gg (Guernsey).

Haltestellen sind nur teilweise durch Schilder ausgewiesen, immer kennzeichnet sie jedoch das mit weißer Farbe auf die Straße gepinselte Wort »Bus«. Mit Handzeichen werden die Busse angehalten.

Auf Jersey verkehren im Sommer die LibertyLink-Busse auf diversen Strecken, an denen die touristisch interessanten Punkte liegen. Mit den **Multijourney Passes** (ein, drei oder fünf Tage bzw. für ein Wochenende; auch für Familien) kann man die Rundfahrt beliebig unterbrechen und jederzeit wieder fortsetzen. Normale Fahrkarten werden beim Fahrer gelöst.

Auf die sog. AvanchiCards kann man in Jersey Sammeltickets laden lassen oder einen bestimmten Geldbetrag, um immer bargeldlos zu fahren.

Auf Guernsey ist eine Ormer Card mit 20 oder 50 Fahrten erhältlich. Sie lohnt sich sehr schnell, da sie weit preisgünstiger ist als Einzelfahrten. Ist die Karte leer, kann man sie wieder aufladen. Diese Art von Karten erhält man an den Busbahnhöfen von St. Peter Port und St. Helier, auf Jersey auch im Tourismusbüro, am Condor-Schalter im Hafen sowie in einigen Hotels.

Sicherheit

Die Kanalinseln sind ein sicheres Reiseziel. Diebstahl kommt kaum vor, dennoch schadet es nicht, mit gesundem Menschenverstand auf seine Wertsachen zu achten.

Taxis

Funktaxis stehen auf Jersey, Guernsey und Alderney in großer Zahl zur Verfügung. Auf Sark fährt ein Traktor mit Anhänger Gäste und Gepäck vom Hafen zum Dorf; weitere Touren können per Kutsche unternommen werden. Auf Herm transportiert ein Traktor oder Elektromobil das Gepäck.

Zeitverschiebung

Auf den Kanalinseln gilt Greenwich Mean Time (MEZ –1 Std.). Der Zeitunterschied bleibt auch während der Sommerzeit erhalten.

Zoll

Da die Kanalinseln weder zu Großbritannien noch zur EU gehören, gelten die Vorschriften für Nicht-EU-Länder. Bei der direkten Wiedereinreise nach Deutschland, Österreich und in die Schweiz – nicht via Großbritannien oder Frankreich – dürfen Reisende aus Deutschland und Österreich Waren im Wert von 430 € (bis 15 Jahre 175 €) abgabenfrei mit nach Hause nehmen, Reisende aus der Schweiz im Wert von 300 SFr. Die Waren müssen für den privaten Gebrauch vorgesehen sein. Tabakwaren und Alkohol fallen nicht unter diese Wertgrenze und bleiben in bestimmten Mengen abgabenfrei (z. B. 200 Zigaretten, 4 l Wein).

Weitere Auskünfte unter www.zoll.de, www.bmf.gv.at/zoll und www.zoll.ch.

ORTS- UND SACHREGISTER

Wird ein Begriff mehrfach aufgeführt,
verweist die **fett** gedruckte Zahl auf die Hauptnennung.
Abkürzungen: Hotel [H] · Restaurant [R]

Liebe Leserinnen und Leser,

vielen Dank, dass Sie sich für einen Titel aus unserer Reihe MERIAN *momente* entschieden haben. Wir wünschen Ihnen eine gute Reise. Wenn Sie uns nun von Ihren Lieblingstipps, besonderen Momenten und Entdeckungen berichten möchten, freuen wir uns. Oder haben Sie Wünsche, Anregungen und Korrekturen? Zögern Sie nicht, uns zu schreiben!

Alle Angaben in diesem Reiseführer sind gewissenhaft geprüft. Preise, Öffnungszeiten usw. können sich aber schnell ändern. Für eventuelle Fehler übernimmt der Verlag keine Haftung.

© 2014 TRAVEL HOUSE MEDIA GmbH, München
MERIAN ist eine eingetragene Marke der GANSKE VERLAGSGRUPPE.

TRAVEL HOUSE MEDIA
Postfach 86 03 66
81630 München
merian-momente@travel-house-media.de
www.merian.de

BEI INTERESSE AN MASSGESCHNEIDERTEN MERIAN-PRODUKTEN:
Tel. 0 89/4 50 00 99 12
veronica.reisenegger@travel-house-media.de

BEI INTERESSE AN ANZEIGEN:
KV Kommunalverlag GmbH & Co KG
Tel. 0 89/9 28 09 60
info@kommunal-verlag.de

1. Auflage

VERLAGSLEITUNG
Dr. Malva Kemnitz
REDAKTION
Juliane Helf
LEKTORAT
bookwise, München
BILDREDAKTION
Tobias Schärtl
SCHLUSSREDAKTION
Bettina Wesselmann
HERSTELLUNG
Bettina Häfele, Katrin Uplegger
SATZ/TECHNISCHE PRODUKTION
bookwise, München
REIHENGESTALTUNG
Independent Medien Design, Horst Moser, München (Innenteil), La Voilà, Marion Blomeyer & Alexandra Rusitschka, München und Leipzig (Coverkonzept)
KARTEN
Gecko-Publishing GmbH für MERIAN-Kartographie
DRUCK UND BINDUNG
Firmengruppe APPL, aprinta Druck, Wemding

Ein Unternehmen der
GANSKE VERLAGSGRUPPE

PEFC/04-32-0928

BILDNACHWEIS
Titelbild (Fischerboot bei Ebbe, Cobo Bay, Guernsey), look-foto
Alamy: Arco Images GmbH 91, J. Arnold Images Ltd 77, D. Houghton 131, M. Hughes 29, JLImages 42, TTL Images 38 | Bens Chocs 19o | Bildagentur Huber: F. Olimpio 58, 134/135, R. Schmid 72, 102 | Corbis: D. Clapp/Arcaid 136, J. Horner 61 | dpa Picture-Alliance: R. Kiedrowski 125 | fotolia: barbulat 138l, RZ 143l | Getty Images G. Edwardes/Collection: R.Harding 56/57, N. Howard/Collection: Flickr Open 118, E. Wood, Collection: Britain On View 48 | GlowImages 126/127 | imago: Joana Kruse 12, J. Tack 26 | iStockphoto: A. Lagadu 143r | Jersey Seafaris Ltd 55 | La Roche Guest House 25 | laif: R. Manin/hemis.fr/ 22, C. Moirenc/ hemis.fr 44, 67, 110, B. Rieger Bertrand Hemispheres Images 4/5 | look-foto 2, 15 | MattPorteous Ground Floor Bar 1 19u | mauritius images 33, 34, 86, 97, 114, Alamy 6, 20/21, 62, 65, 71, 93, 129, 133 | Photoshot 160 u | Schapowalow: Huber 79, 98 | shutterstock: Babouin 138r, Bertl123 13l, N. Burton 14, foto76 31, Krasowit 140, P. Michalski 142, P. Nadolski 54, D. Smythe 139, F. Soares 13r, Stocksnapper 141r | Sodacan Lizenz: CC BY-SA 3.0 141l | ullstein bild: adoc-photos 160 o, Atlantic-Press 82, S. Daly/Specialist Stock 52 | Your Photo Today 106 | Yurt Holidays 16

GESTERN & HEUTE

Seit dem Jahr 1900, in dem das obere Bild aufgenommen wurde, hat sich der Blick vom Hafen auf Jerseys Festung **Mont Orgueil Castle** (▶ S. 75) im Fischerdörfchen Gorey kaum verändert. Die Burg aus dem 13. Jh. thront auch heute noch imposant über dem Ort, und die Gebäude am Pier, in denen man Pubs, Pensionen und kleine Geschäfte findet, sind seit Goreys Blütezeit um das Jahr 1820 dieselben. Nur an den Booten ist das Jahrhundert nicht spurlos vorbeigegangen …